누구나 쉬운

일본관광회화

주요명소를 중심으로

장미경 · 김도영 공저

기문사
www.kimoonsa.co.kr

머리말

내가 태어난 내 나라에서 자연스럽게 습득하는 모국어가 아닌 이상 우리는 남의 나라 말인 외국어에 자유로울 수는 없다. 외국어를 공부하는 방법은 다양하지만, 특히 외국어는 끊임없이 해야 한다. 즉, 생활화가 되어야 한다.

생활 속의 일본어를 사용하기 위해서는 쉬운 단어 쉬운 문장에서부터 시작해야 한다. 외국어 하나 정도가 아닌 영어를 베이스로 제2외국어를 해야 하는 요즘에 우리나라 사람이 쉽게 접근할 수 있는 외국어로 일본어를 추천하고 싶다.

나 역시 처음 일본어를 접했을 땐 우리나라 말과 비슷한 발음의 단어와 어순이라 왠지 쉽게 접근할 수 있었다.

본 책의 구성은 일본 유명관광지에서 자주 쓰이는 회화로 구성되어 보다 쉽게 이해할 수 있도록 설정되었다.

각자 외국어를 배워야 하는 이유는 다르지만, 일본어를 능숙하게 하고 싶은 목적은 같다. 「열심은 천재를 이길 수 있다」는 열정을 가지고 열심히 하다 보면 원하는 목적지까지 갈 수 있다. 모든 공부가 결국엔 나 자신을 이겨내는 것이다.

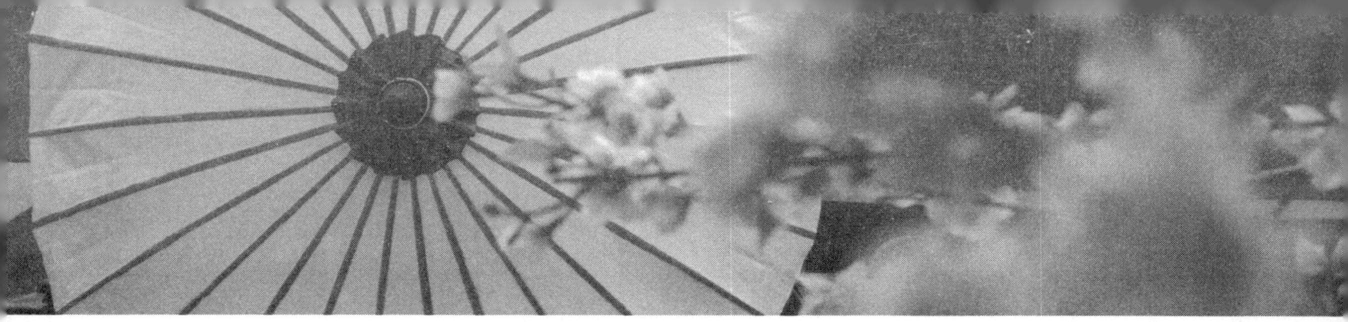

그리고 다시 한 번 강조하고 싶은 건 이 책은 일본어 회화의 입문 서적으로 관광지에서 활용하기 쉽도록 저술하였다.

2017년 일본을 방문한 관광객 1위 나라는 대한민국이었다. 보다 많은 한국인 관광객들이 일본 현지에서 일본어로 하고 싶은 말을 할 수 있기를 바라고 또 바라는 마음에서 이 책을 쓰게 되었다.

또 일본의 안전하고 편안한 여행길에서 보다 더 삶의 풍요로움을 확장할 수 있기를 기원한다. 그리고 내용 중 미흡한 부분은 지속적으로 수정·보완할 것을 약속드리며 독자들의 많은 성원과 지도 편달을 부탁드린다. 끝으로 본서를 발간하면서 많은 도움을 주신 업계와 학계의 선·후배님들에게 감사를 드리며, 본서의 질을 높여주기 위하여 편집에 노력해주신 기문사 편집부와 전무님 및 대표님께 감사드린다.

2018년 7월

저자 일동

차례

제1부 일본 개요

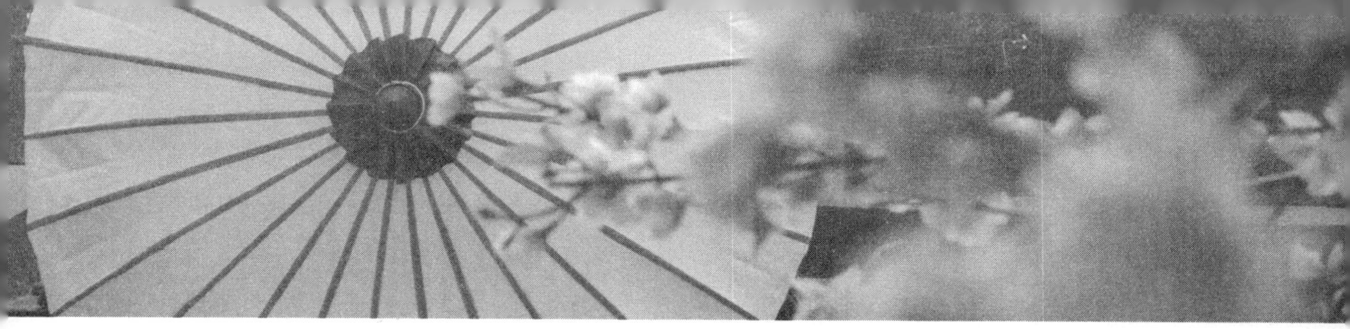

제2부 실용 회화

제3부 관광지 회화 / 쉬어가는 이야기 / 한자 익히기

부록

제1부

일본 개요

❀ 히라가나(ひらがな)

단 / 행	あ단	い단	う단	え단	お단
あ행	あ	い	う	え	お
か행	か	き	く	け	こ
さ행	さ	し	す	せ	そ
た행	た	ち	つ	て	と
な행	な	に	ぬ	ね	の
は행	は	ひ	ふ	へ	ほ
ま행	ま	み	む	め	も
や행	や		ゆ		よ
ら행	ら	り	る	れ	ろ
わ행	わ		を		ん

❀ 가타가나(カタカナ)

단 / 행	ア단	イ단	ウ단	エ단	オ단
ア행	ア	イ	ウ	エ	オ
カ행	カ	キ	ク	ケ	コ
サ행	サ	シ	ス	セ	ソ
タ행	タ	チ	ツ	テ	ト
ナ행	ナ	ニ	ヌ	ネ	ノ
ハ행	ハ	ヒ	フ	ヘ	ホ
マ행	マ	ミ	ム	メ	モ
ヤ행	ヤ		ユ		ヨ
ラ행	ラ	リ	ル	レ	ロ
ワ행	ワ		ヲ		ン

❀ 일본 지도

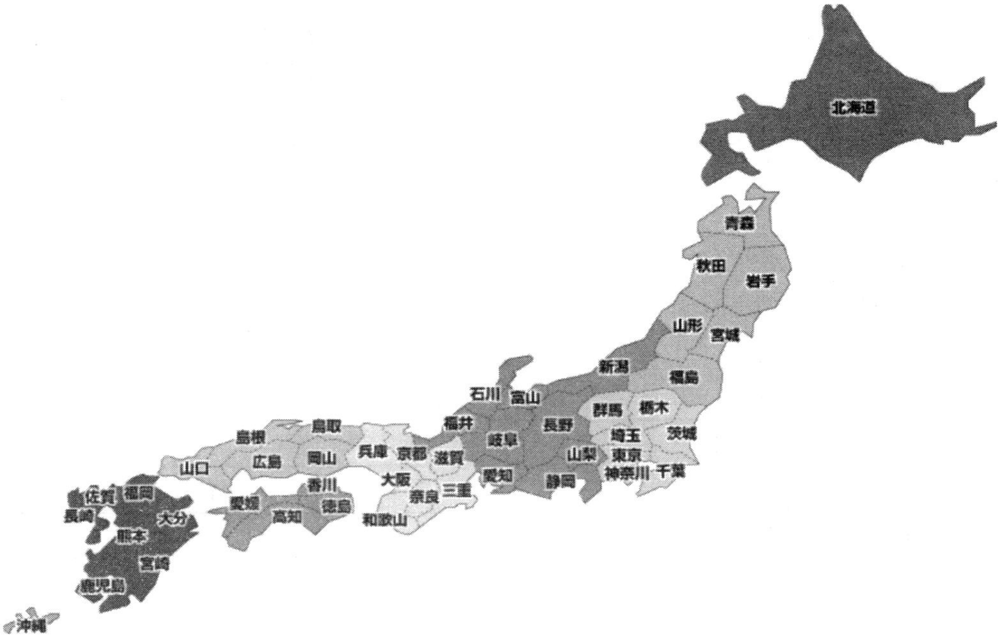

일본의 위치는 아시아 대륙 동쪽에 있는 섬나라로 한국에서 약 2시간 거리에 있다.

일본의 행정구역은 47도도부현으로 두 개의 도(都)(도쿄, 홋카이도), 두개의 부(府) 大阪, 京都(오사카, 교토), 43개의 현(県)으로 나뉜다.

❀ 일본 종교

일본의 종교는 신도, 불교, 크리스트교로 나뉜다. 신도(神道)와 불교(仏教)가 대부분을 차지하고 있다. 그 중 신도는 산과 강물 등의 자연현상에 깃든 신과 신화에 나오는 신을 섬기며 신과 인간과의 인연을 중시한다. 신의 종류는 약 팔백만 신이나 된다. 이러한 신들을 모셔두는 곳을 신사(神社)라고 하며, 중요한 날을 기원하기 위해 신사를 찾기도 한다. 또한, 신사에서 결혼식을 올리기도 하며, 매년 1월 1일이면 신사를 찾아 그해 무탈하게 한해를 보낼 수 있도록 기도하기도 한다. 이처럼 일본인들에게 신사는 마음의 안식처 같은 곳이기도 하다.

▶ 일본의 대표 신사 이세신궁(伊勢神宮)

❀ 인구

일본 통계국 총무성 자료에 의하면, 일본인은 2017년 기준 1억 2670만 6천 명으로, 전년대비 22만 7천 명(0.18%) 줄어 7년 연속 감소하고 있다. 인구감소 원인은 고령화, 저출산 문제 등으로 한국의 인구감소 원인과 비슷하다. 약 10년 전부터 인구감소로 인한 소멸도시를 예상하고 대책을 강구해왔으나 해결하지 못하고 있는 실정이다.

▶ 최근 서점에서 많이 판매되고 있는 인구감소에 관한 서적
『인구감소 시대를 어떻게 살아가야 하는지 2020년의 일본인』

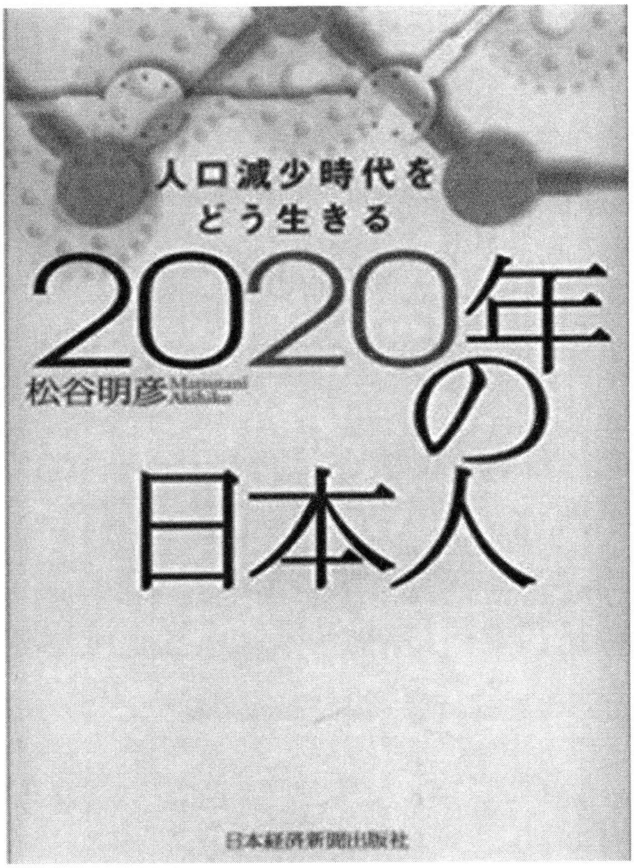

❀ 기모노

기모노(着物)는 일본의 전통적 의상을 통틀어 이르는 말로 길이가 발목까지 오고 앞이 터져 있으며, 소매 통이 크고 넓은 허리띠를 두른다. 결혼식, 성년의 날 등 특별하고 축하하는 장소에서 입는다. 기모노의 종류로는 시로무쿠(전통 혼례식에서 입는 신부의 예복), 쿠로모후쿠(상복으로 입는 기모노), 후리소데(결혼 안한 여자가 혼례식이나 성인식에 입는 기모노), 쿠로토메소데(결혼식 피로연에 참석하는 신랑 신부의 양친, 친척, 중매부인 등 기혼부인들이 착용하는 기모노)가 있다.

후리소데 振袖

쿠로모후쿠 黑喪服

쿠로토메소데 黑留袖

시로무쿠 白無垢

❀ 야구(野球)

야구는 일본인들이 좋아하는 스포츠의 하나로 야구리그로는 센트럴 리그와 퍼시픽 리그, 독립 리그, 일본 여자 프로 야구 리그가 있다. 이 중에서 센트럴 리그와 퍼시픽 리그가 양대 리그로 활약하고 있다. 센트럴 리그로는 주니치 드래곤즈(나고야), 한신 타이거스(오사카), 히로시마 카프(히로시마), 야쿠르트 스왈로즈(도쿄), 요코하마 베이스타즈(요코하마), 요미우리 자이언츠(도쿄) 퍼시픽리그는 롯데 마린즈(지바), 소프트 뱅크 호크스(후쿠오카), 라쿠텐 골든 이글스(센다이), 니폰 햄 파이터즈 (홋카이도), 오릭스 버팔로즈(고베), 세이부 라이온즈(도코로자와)가 있다.

우리나라의 이승엽 선수는 요미우리 자이언츠(도쿄)등에서 활약하기도 하였고, 일본의 유명한 야구선수로는 미국 프로야구에서 활동한 스즈키 이치로, 마쯔이 히데키 선수 등이 있다.

▶ 스즈키 이치로 선수와 한신 타이거즈 선수들

❀ 스모 相撲

스모는 일본의 국기(國技)이다. 등급에 따라 나뉘는데, 요코즈나(橫綱), 오제키(大關), 세키와케(關脇), 코무스비(小結), 마에가시라(前頭), 쥬료(十兩), 마쿠노시타(幕下), 산단메(三段目), 조니단(序二段), 조노구치(序口) 순으로 서열이 정해져 있다. 일본 전통스포츠이지만, 최근에는 몽골 출신의 스모선수들이 활약하고 있다.

▶ 몽골 출신의 요코즈나 하쿠호(白鵬)

▶ 스모 경기

❀ 엔화

■ 일본 동전

■ 일본 지폐

▶ 천 엔

▶ 오천 엔

▶ 만 엔

※ 2000엔 지폐도 있지만 많이 통용되고 있지 않다.

❀ 일본 관광청(JNTO: Japan National Tourism Organization)

일본 관광청의 정식 명칭은 「일본 정부 관광국」이다. 주요 사업은 해외 관광 홍보, 외국인 관광객을 위한 관광 안내, 기타 외국인 관광객의 방문 촉진에 필요한 업무를 효율적으로 수행함으로써 국제 관광의 진흥을 도모하는 역할을 하고 있다. (한국관광공사와 비슷함)

▶ 무슬림 관광객들을 위한 홍보 포스터(Japan Travel Guide for Muslim visitors)

비지트 재팬「Visit Japan」사업(VJ)은 방일 외국인 여행자 증가를 목적으로 한 방일 프로모션 사업이다. 일본관광청(JNTO)은 보다 전문적이고 중립적인 입장으로 각 해외 사무소가 핵심적인 역할을 담당하고 있다.

❀ 일본 음식(お寿司, サバ寿司, おでん, お酒, すき焼き, たこ焼き)

일본요리는 기본적으로 흰 쌀밥과 일본 술에 조화될 수 있도록 조리한다. 특징으로는 재료 본연의 맛을 살리고, 시각적인 면도 고려하여 모리츠케 「盛付」(음식을 그릇 위에 보기 좋게 담는 것) 또한 중요시되고 있다.

섬나라 특성상 어패류가 풍부하여 신선한 생선회가 발달하였다. 우리나라와 생선회의 차이점은 일본은 숙성된 생선회(선어회)를 즐기는 반면, 우리나라는 바로 회를 떠서 먹는 활어회를 즐긴다. 지역 음식의 특징으로는, 오사카(관서지방)는 밀가루 문화로 오코노미야끼, 우동, 야키소바, 타코야키 등 밀가루를 주원료로 한 음식이 발달되었다. 도쿄는 (관동지방) 간장을 풍부하게 사용해 관서지방보다는 비교적 음식이 짜지만 두 곳 다 음식의 기본 맛을 낼 때에는 가다랑어포(가츠오부시), 말린 미역 등을 사용하며, 음식의 간은 간장과 설탕이 주로 사용된다.

초밥(お寿司)

스키야키(すき焼き)

아침식사(朝ご飯)

선어회

활어회

❀ 일본 핫 아이템 쇼핑

일본 관광에서 아시아 중요관광객인 한국인, 중국인들이 많이 사는 품목들을 살펴보면 화장품, 약, 칫솔, 보온병, 과자 등으로 주로 생활용품들이 많다. 일본에서는 일명 바쿠가이 「爆買(ばくが)い」 싹쓸이 쇼핑이라 부르고 있다.

▶ 센카(専科)의 폼클렌징

▶ 타이거 · 조지루시 등의 보온병

▶ 최근에 많이 사는 품목 칫솔

▶ 동전파스(로이히츠보코)

❀ 일본 다가시(駄菓子) 문화

어릴 적 동네 문방구 옆 코너에 진열되어 있는 이름 없는 과자에 대한 추억은 80년대를 살아온 사람들에겐 누구나 있을 것이다. 우리나라에서는 거의 찾아볼 수 없지만, 일본에서는 아직도 곳곳에 남아있다. 어릴 적 향수를 불러일으키는 다가시를 어른이 되어서도 맛 볼 수 있으며, 자신들의 아이들을 데리고 와 다가시 문화를 즐기기도 한다.

▶ 여러 종류의 다가시(駄菓子)

▶ 우마이 볼

▶ 사쿠란보 떡

▶ 휘파람을 불 수 있는 라무네

❀ 저렴하게 스시 즐기는 법

일본여행에서 빼놓을 수 없는 음식인 스시를 맛있고, 저렴하게 즐길 수 있는 방법이다.

1. 오사카 스시마사점

오사카 스시마사점은「すし政(まさ) 店(てん)」500円으로 즐길 수 있는 스시로 점심시간 한정 판매이다. 줄을 설 때도 있을 정도로 붐비는 곳이다.

주소 : 한큐센리선(지하철 노선) 덴진바시스지 6초메역에서 도보 3분

2. 백화점의 저녁시간 공략하기

일본 백화점의 영업시간은 대부분 저녁 8시면 끝나므로 저녁 6시 전후로 스시가 30~50% 세일을 한다. 이 시간을 공략하면 신선하고 맛있는 스시를 저렴한 가격에 맛볼 수 있다.

3. 전국 체인점 회전초밥 스시로 이용하기

스시로(スシロー)는 각 지역에 체인점을 두고 있는 일본의 회전초밥 집으로 저렴하게 스시를 즐길 수 있는 곳으로 유명하다. 일본에 가면 꼭 들러봐야 할 곳으로 강추한다.

❀ 자동판매기 왕국 일본

생소한 자동판매기가 많은 곳으로 유명한 일본은 건강에 대한 관심 증가로 최근 바나나, 사과를 파는 자동판매기도 등장했다. 이 외에도 따뜻한 스프, 오뎅, T셔츠, 아이스크림, 우산, 장갑, 핫도그 등 생활에서 필요한 많은 것들을 자동판매기에서 구입할 수 있다.

❀ 어머니, 아버지의 날

일본은 어버이날이 어머니의 날과 아버지의 날이 따로 정해져 있다. 어머니의 날은 5월 13일로 카네이션 꽃과 케이크 등을 선물하며 감사의 마음을 표시한다.

아버지의 날은 6월 셋째 주 일요일로 평소 즐겨 드시는 술, 넥타이 등을 감사의 마음으로 선물한다.

❀ 한일 공휴일 비교

날짜	한국	일본
1월	1/1 신정	1/1 설날
2월	1/1 (음력) 전후 3일 설날 연휴	2/11 건국기념일
3월	3/1 삼일절	3/21 춘분의 날
4월		4/29 쇼와의 날
5월	5/5 어린이날 5/22 부처님 오신 날	5/3 헌법기념일 5/4 녹색의 날 5/5 어린이날
6월	6/6 현충일	
7월		7월 셋째 주 월요일 바다의 날
8월	8/15 광복절	
9월	8/15 (음력) 추석	9월 셋째 주 월요일 경로의 날 9/23 추분일
10월	10/3 개천절 10/9 한글날	10월 둘째 주 월요일 체육의 날
11월		11/3 문화의 날
12월	12/25 크리스마스	12/23 천왕탄생일

❀ 일본 전자제품의 메카 빅 카메라

✿ 빅 카메라

일본 전국에 약 38개의 점포를 가지고 있는 일본 최대의 전자제품 판매점으로 외국인 관광객들이 이용하기 편한 역 주변에 위치해 있다. 건물 안에 음식점, 의류점, 100엔 숍 등 생활용품을 살 수 있는 드럭스토아가 입점에 있어 원스톱 쇼핑이 가능하다.

▶ 춘절 기간 일본을 방문한 중국관광객(빅 카메라 내 드럭스토아)

❀ 일본 속 코리아타운

✿ 코리아타운

일본에서 우리 재일교포들이 모여 사는 코리아타운은 오사카의 「쯔루하시 코리아타운」과 도쿄 「오쿠보의 코리아타운」이 있다. 한인들을 위한 한식 식자재, 한복, 한식당이 모여 있다. 주로 일본에서 거주하는 한인들의 애환을 달래주는 곳이었지만, 2000년 초 한류의 영향으로 일본인들의 한류문화 콘텐츠를 즐길 수 있는 곳으로 각광받는 거리가 되었다.

▶ 오사카 쯔루하시 코리아타운(大阪鶴橋 コリアタウン)

▶ 도쿄 오쿠보 코리아타운(東京大久保 コリアタウン)

❀ 일본의 성씨

일본에서 가장 많은 성씨는 사또? 아니면 스즈끼? 현재 일본에는 약 10만 8천여 종의 성씨가 있는 것으로 추산된다. 그 중에 사또(佐藤) 성이 1,893,000명으로 가장 많다. 그 다음 스즈끼(鈴木) 성이 1,802,000명으로 두 번째로 많다. 3위 타카하시(高橋) 140만 명, 4위 타나카(田中) 130만 명, 5위(伊藤) 108만 명 순이다.

이에 비해 한국 전체 성씨는 총 5,582개이다. 그 중에 1위 김(金) 씨로 1,069만 명, 2위는 이(李) 씨 730만 명, 3위 박(朴) 씨 419만 명, 4위 최(催) 씨 233만 명 순이다.

1위 사또(佐藤)

2위 스즈끼(鈴木)

❀ 스루 가이드

스루 가이드는 주로 일본의 경우에 동행하며 출발에서 안전하게 귀국할 때까지의 모든 일정을 관광객들과 함께 한다. 즉, 인솔자의 역할과 일본 현지 가이드의 역할을 같이 해야 한다. 일본어 능력은 대개 JPT는 700~800점대 이상, JLPT는 1급은 되어야 하지만, 무엇보다 중요한 건 실생활에서 사용할 수 있는 일본어 회화능력이 절대적이어야 한다.

제2부

실용 회화

1. 나는 누구에요(내 소개)

김수미(キムスミ)

안녕하세요. 저는 한국에서 온 김수미라고 합니다.
지금 대학생으로 관광을 전공하고 있습니다. 일본의 유명한 관광지를 보고 공부하고 싶어 일본에 왔습니다. 잘 부탁드리겠습니다.

こんにちは。私は韓国から来たキムスミです。

大学では観光学を専攻しています。日本の有名な観光地を見て、

日本語を勉強したいと思い、日本にきました。どうぞよろしくお願いいたします。

나카타니(中谷)

처음 뵙겠습니다. 저는 나카타니라고 합니다. 저도 대학에서 관광을 전공해서 지금은 여행사에서 일하고 있습니다. 일본의 관광지에 대해서 소개해드리겠습니다.
저도 잘 부탁드리겠습니다.

はじめまして。私は中谷と言います。私も大学で観光学を専攻し、

今は旅行会社で働いています。

日本の観光地について紹介します。こちらこそよろしくお願いします。

2. 얼마예요?

김수미	나카타니상 이 센베이는 어떤 과자에요?
나카타니	네, 이 센베이는 교토에서만 살 수 있는 「京(きょう)ふうせん」이라는 과자예요.
김수미	가격은 얼마예요?
나타카니	1200엔입니다.
김수미	맛있겠네요. 나카타니상, 부모님과 친구들에게 선물하려고요. 3개 주문해주세요
나카타니	그럼, 3600엔입니다. 여기, 「京(きょう)ふうせん」 3개 주세요.
김수미	나카타니씨가 있으니, 쇼핑하는데 안심할 수 있네요. 고마워요.
나카타니	별말씀을요.

キムスミ　中谷さん、このせんべいはどんなお菓子(かし)ですか？

中谷(なかたに)　はい、このせんべいは京都(きょうと)でしか買(か)えない「京(きょう)ふうせん」というお菓子(かし)です。

キムスミ　おいくらですか？

中谷　1200円(えん)です。

キムスミ　おいしそうですね。中谷さん、親(おや)と友達(ともたち)のお土産(おみやげ)にしたいです。三(みっ)つ注文(ちゅうもん)してもらえますか？

中谷(なかたに)　では、3600円(えん)ですね。すみません。「京(きょう)ふうせん」を三(みっ)つください。

キムスミ　中谷さんがいると安心(あんしん)してショッピングができますね。ありがとうございます。

中谷(なかたに)　どういたしまして。

3. 가족 명칭

✿ 가족 소개

※ 나의 가족과 상대의 가족을 부르는 명칭이 다르다.

	나의 가족	상대 가족
할아버지	祖父　そふ	おじいさん
할머니	祖母 そぶ	おばあさん
아버지	父　ちち	お父さん
어머니	母　はは	お母さん
오빠	兄　あに	お兄さん
언니	姉　あね	お姉さん
남동생	弟　おとうと	弟さん
여동생	妹　いもうと	妹さん
나	私　わたし	

4. 가장 쉬운 문법 배우기

1) 형용사

형용사 : ~い(기본형)

형용사는 사람이나 사물의 성질, 모양, 성격, 상태를 나타내며 기본형이 항상 い로 끝나며 홀로 쓰이거나 명사를 수식한다.

기본형	
あかい	빨갛다
おおきい	크다
さむい	춥다
おもしろい	재미있다

(1) 수식형 い

명사를 수식할 때 い 형용사 기본형 + 명사

おもしろい ＋ 日本語 → おもしろい日本語

재미있는 일본어

(2) 정중형

い＋です (~입니다)

い뒤에です를 붙인다.

おもしろい＋です ＝ おもしろいです。 재미있습니다.

재미있다 + ~니다

(3) 부정형

くない (~하지 않다)

く+ない　い를 く로 바꾸고 ない를 붙인다.

おもしろい+ない → おもしろくない。

재미있지 않다.

おもしろくないです。

재미있지 않습니다.

おもしろくありません。

재미있지 않습니다.

※ くないです와 くありません은 같은 의미이다.

(4) 과거형 かった(~었다)

おもしろ(X) + かった → おもしろかった。

재미있었다.

おもしろかったです。

재미있었습니다.

부정형 くない도 い로 끝나므로 같은 방식으로 정중형, 과거부정형을 만들 수 있다

おもしろくない → おもしろくなかった。

재미있지 않았다.

おもしろくなかったです。

재미있지 않았습니다.

(5) 연결형 くて(~하고, ~하여, 하여서)

おもしろ(X)く + て　い를 く로 바꾼다.

재미있어서, 재미있고

おもしろな(X)く + て　재미있지 않아서, 재미있지 않고

おもしろくて有益(ゆうえき)する　재미있고 유익하다.

(6) 명사형 さ

おもしろ(い̸) + さ　　おもしろさ

재미, 흥미

사물의 성질이나 모양을 나타내는 대부분의 형용사는 い를 さ로 바꾸고 명사형을 나타낸다.

さむい(춥다)　さむさ(추위)

あつい(덥다)　あつさ(더위)

2) 형용동사

형용동사 : ~だ(기본형)

형용동사는 사람이나 사물의 성질, 모양, 성격, 상태를 나타내며 어미가 항상 だ로 끝나며 홀로 쓰이거나 명사를 수식한다.

(1) 수식형 な

명사를 수식할 때 형용동사 기본형 だ가 な로 바뀌며 뒤에 명사를 붙인다. 즉

~だ + 명사　→　~な + 명사가 된다.

きれいだ + へや　→　きれいなへや (깨끗한 방)

(깨끗하다)

にぎやかだ + 都市　→　にぎやかな都市 (활기찬 도시)

(활기차다)

(2) 정중형 어간 + です(입니다)

어간 뒤에 だ를 생략한 です를 붙인다.

きれいだ + です　→　きれいです。(깨끗합니다)

(깨끗하다)　(~입니다)

にぎやかだ + です　→　にぎやかです。(활기찹니다)

(활기차다)　(~입니다)

(3) 부정형 ではない(~하지 않다)

~(X) + ない → ~ではない,じゃない (では=じゃ)

(~다) (~않다) (~하지 않다)

だ를 では(じゃ)로 바꾸고 ない를 붙인다.

きれいだ + ない → きれいではない。(깨끗하지 않다)

きれいではないです。(깨끗하지 않습니다)

にぎやかだ + ない → にぎやかではない。(활기차지 않다)

にぎやかではないです。(활기차지 않습니다)

※ 부정형 ではない는 い로 끝나므로 형용사의 용법과 같이 정중형은 뒤에 です를 붙인다.

きれいではないです。(깨끗하지 않습니다)

(4) 과거형 ~ だった(~었다)

きれいだ + った → きれいだった(깨끗했다)

(깨끗하다) (~였다)

にぎやかだ + った → にぎやかだった (활기찼다.)

(활기차다) (~였다)

※ 정중형은 ~だった + です

きれい だった + です → きれいだったです。(깨끗했습니다)

(깨끗했다) (~입니다)

にぎやかだった + です → にぎやかだったです。(활기찼습니다)

(활기찼다) (~입니다)

(5) 연결형 で(~하고, ~하여서)

きれい(X) + で だ를 생략한다.

きれいでしずかだ　(깨끗하고 조용하다)
にぎやかではでだ　(활기차고 화려하다)

(6) 부사형 に(~하게, ~히)

きれい(だ X) + に　→　きれいに(깨끗하게)

にぎやか(だ X) + に　→　にぎやかに(활기차게)

어간 + だ에서 だ를 빼고 に를 붙인다.

(7) 명사형 さ

"~함, ~하기"라는 명사형으로 바꿀 때는 だ를 さ로 바꾼다.
きれいだ (깨끗하다) + さ　→　きれいさ (깨끗함, 깨끗하기)
にぎやかだ (활기차다) + さ　→　にぎやかさ (활기참, 활기차기)

3) 동사

사물의 움직임이나 작용을 나타내며 홀로 술어가 될 수 있으며 전부 う단으로 끝나는 어미가 활용을 한다.

みる (보다)　する (하다)　きく (듣다)　たべる (먹다)
はなす (말하다)　かく (쓰다)　あるく (걷다)　もつ (들다)

(1) 동사의 종류

❶ 5단 동사

5단에 걸쳐서 어미가 다양하게 활용한다.

가. 어미가 る가 아닌 모든 동사

즉「う, く, す ,つ ,ぬ ,む ,ぐ ,ぶ」로 끝나는 동사
예) いく (가다)　のむ (마시다)　もつ (들다) 등

나 어미가 る로 끝나도 る 바로 앞이 イ단이나 エ단이 아닌 동사

예) ある (있다)　わかる (알다)　とる (집다)　かぶる (쓰다) 등

❷ 1단 동사

5단 동사에 비해 어미 활용이 비교적 간단하다.

어미가 る로 끝나고 る 바로 앞의 음이 イ단(い, き, し, ち, に, ひ, み, り) 이거나 エ단(え, け, せ, て, ね, へ, め, れ)인 동사

예) みる (보다)　できる (할 수 있다)　おきる (일어나다)　たべる (먹다)
　おしえる (가르치다)　あける (열다) 등

※ 1단 동사 중 아래의 동사는 예외로 5단 동사와 같이 어미를 활용한다.
　はいる (들어가다, 들어오다)　いる (필요하다)　きる (자르다)
　しる (알다)　はしる (달리다)　かえる (돌아가다, 돌아오다)
　へる (줄다)　ける (차다)

❸ 특이 동사

5단 동사도 아니고 1단 동사도 아닌 특별한 활용을 하는 동사로 する(하다), くる(오다) 2개뿐이라 그냥 외운다.

(2) 동사의 활용

❶ 정중형　~ます형

가. 5단 동사

기본형 어미 ウ단을 イ단으로 바꾸고 ます를 붙인다.

きく	(듣다)	→	ききます	(듣습니다)
はなす	(말하다)	→	はなします	(말합니다)
よむ	(읽다)	→	よみます	(읽습니다)
ある	(있다)	→	あります	(있습니다)

나. 1 단 동사

어미 る만 빼고 ます를 붙인다.

いる (있다) → います (있습니다)

たべる (먹다) → たべます (먹습니다)

다. 특이 동사

する (하다) → します (합니다)

くる (오다) → きます (옵니다)

❷ 부정형 ~ない형(~하지 않다)

가. 5단 동사

어미 ウ단을 ア단으로 바꾸고 ない를 붙인다.

はたらく (일하다) → はたらかない (일하지 않는다)

はなす (말하다) → はなさない (말하지 않는다)

よむ (읽다) → よまない (읽지 않는다)

나. 1단 동사

어미 る를 빼고 ない를 붙인다.

みる (보다) → みない (보지 않는다)

きる (입다) → きない (입지 않는다)

かぞえる (세다) → かぞえない (세지 않는다)

다. 특이 동사

する (하다) → しない (하지 않는다)

くる (오다) → こない (오지 않는다)

❸ 연결형 ~て형(~하고, 하여, 하여서)

가. 5단 동사

가) う, つ, る → って

かう (사다) → かって (사고, 사서)

まつ (기다리다)　→　まって (기다리고, 기다려서)

のる (타다)　→　のって (타고, 타서)

나) ぬ, む, ぶ → んで

しぬ (죽다)　→　しんで (죽고, 죽어서)

よむ (읽다)　→　よんで (읽고, 읽어서)

よぶ (부르다)　→　よんで (부르고, 불러서)

다) く, ぐ → いて, いで

かく　(쓰다)　→　かいて (쓰고, 써서)

およぐ (헤엄치다)　→　およいで (헤엄치고, 헤엄쳐서)

※ 예외 : いく (가다)　→　いって (가고, 가서)

라) す → して

はなす (이야기하다)　→　はなして (이야기하고, 이야기해서)

나. 1단 동사

어미 る를 빼고 て를 붙인다.

みる　(보다)　→　みて (보고, 봐서)

たべる (먹다)　→　たべて (먹고, 먹어서)

다. 특이 동사

する (하다)　→　して (하고, 하여서)

くる (오다)　→　きて (오고, 와서)

❹ 과거형　て, で형과 같다

가. 5단 동사

가) う, つ, る → った

かう (사다)　→　かった (샀다)

まつ (기다리다)　→　まった (기다렸다)

のる (타다)　→　のった (탔다)

나) ぬ, む, ぶ → んだ

しぬ (죽다) → しんだ (죽었다)

よむ (읽다) → よんだ (읽었다)

よぶ (부르다) → よんだ (불렀다)

다) く, ぐ → いた いだ

かく (쓰다) → かいた (썼다)

およぐ (헤엄치다) → およいだ (헤엄쳤다)

※ 예외 : いく (가다) → いった (갔다)

라) す → した

はなす (이야기 하다) → はなした (이야기 했다)

나. 1단 동사

어미 る를 빼고 た를 붙인다.

みる (보다) → みた (보았다)

たべる (먹다) → たべた (먹었다)

다. 특이 동사

する (하다) → した (했다)

くる (오다) → きた (왔다))

❺ 가능형

가. 5단 동사

가) 어미 ウ단을 エ단으로 바꾸고 る를 붙인다.

かく (쓰다) → かける (쓸 수 있다)

あう (듣다) → あえる (들을 수 있다)

나) 어미 ウ단을 ア단으로 바꾸고 れる를 붙인다.

かく (쓰다) → かかれる (쓸 수 있다)

きく (듣다) → きかれる (들을 수 있다)

나. 1단 동사

어미 る를 られる로 바꾼다.

みる (보다) → みられる (볼 수 있다)

たべる (먹다) → たべられる (먹을 수 있다)

다. 특이 동사

する (하다) → できる (할 수 있다)

くる (오다) → こられる (올 수 있다)

※ 주의 : できる 앞 목적격 조사는 を가 아니고 が가 된다.

ピアノをひく → ピアノができる

(피아노를 치다) (피아노를 칠 수 있다)

라. 동사 기본형 + ことが できる(~하는 것이 가능하다, 즉 할 수 있다)

かく (쓰다) → かくことができる

(쓰는 것이 가능하다. 즉 쓸 수 있다)

みる (보다) → みることができる

(보는 것이 가능하다. 즉 볼 수 있다)

제3부

관광지 회화
쉬어가는 이야기
한자 익히기

홋카이도편

1과 홋카이도 라벤다 밭

회화내용　나카타니씨와 김수미는 홋카이도의 라벤더 밭을 구경하고 있다.

キムスミ　中谷さん，ここが ラベンダー畑(ばたけ)ですか？

中谷(なかたに)　はい，そうです。ラベンダー畑(ばたけ)は北海道(ほっかいどう)でもとても有名(ゆうめい)な所(ところ)ですよね。

キムスミ　特(とく)に紫色(むらさきいろ)の花(はな)がとても綺麗(きれい)ですね。

中谷(なかたに)　ラベンダーアイスクリームもとても美味(おい)しいです。

キムスミ　それは食(た)べてみたいですね。

▶ 홋카이도 라벤다 밭

キムスミ	나카타니씨, 여기가 라벤다 밭인가요?
中谷(なかたに)	네, 그렇습니다. 라벤다 밭은 홋카이도에서도 매우 유명한 곳이지요.
キムスミ	특히 보라빛깔의 꽃이 너무 아름답네요.
中谷(なかたに)	라벤다 아이스크림도 매우 맛있습니다.
キムスミ	아, 먹고 싶네요.

단어

ラベンダー畑(ばたけ) 라벤다 밭	ここが 여기가	アイスクリーム 아이스크림
所(ところ) 곳	とても 매우	有名(ゆうめい)な 유명한
北海道(ほっかいどう) 홋카이도	紫色(むらさきいろ) 보라빛깔	特(とく)に 특히
綺麗(きれい)だ 아름답다, 예쁘다	美味(おい)しい 맛있다	食(た)べる 먹고 싶다
とても 너무	~の ~의	

여행 관련 단어

일본어	한국어 해석
1. 旅行(りょこう)	여행
2. 観光旅行(かんこうりょこう)	관광여행
3. お出(で)かけ	외출
4. 見物(けんぶつ)	구경
5. 来遊(らいゆ)	놀러옴
6. めぐり	순례
7. 小旅行(しょうりょこう)	작은 여행
8. 遊山(ゆさん)	산과 들에서 노는 것
9. 観梅(かんばい)	매화 꽃구경
10. 遠出(とおで)の遊(あそ)び	장거리 여행의 놀이

외래어 표기법 – 과일

일본어	한국어 해석
1. バナナ	바나나
2. マンゴー	망고
3. パインアップル	파인애플
4. イチゴ	딸기
5. オレンジ	오렌지
6. メロン	메론
7. パパイヤ	파파이야
8. ココナッツ	코코넛
9. サクランボ	체리
10. ブドウ	포도

숫자 세는 법 - 동물

일본어	한국어 해석
1. 一匹(いっぴき)	한 마리
2. 二匹(にひき)	두 마리
3. 三匹(さんびき)	세 마리
4. 四匹(よんひき)	네 마리
5. 五匹(ごひき)	다섯 마리
6. 六匹(ろっぴき)	여섯 마리
7. 七匹(ななひき)	일곱 마리
8. 八匹(はっぴき)	여덟 마리
9. 九匹(きゅうひき)	아홉 마리
10. 十匹(じゅっぴき)	열 마리
11. 何匹(なんびき)	몇 마리

쉬운 일본어 놀이

1. ある, いるの 차이점

ある, いるの 의미는 '있다', '존재한다'라는 뜻이지만, 그 쓰임새는 다르다.

■ 무생물의 경우에는 ある

예) 机(つくえ)の上(うえ)に本(ほん)があります。

책상 위에 책이 있습니다.

■ 사람, 동물 (살아 움직이는 것)에는 いる

예) 部屋(へや)の中(なか)に猫(ねこ)がいます。

방안에 고양이가 있습니다.

2. どのくらい

대략의 분량, 정도를 물을 때에 사용하며, 시간, 거리, 부피, 두께, 깊이, 크기, 무게 등에 적용한다.

예) 彼女(かのじょ)はどのくらい英語(えいご)ができますか？

그녀는 어느 정도 영어를 할 수 있습니까?

꼭 필요한 조사 배우기

~は 우리나라의 '~은, ~는'을 의미한다.

예) これは私のコンピューターです。

이것은 나의 컴퓨터입니다.

Tip

4시, 7시, 9시 시간표현의 주의사항!

숫자 4는 일본어로 し(시)/よん(욘)으로 읽지만, 시간표현에선 반드시 よじ(요지)로 발음한다.
숫자 7은 일본어로 なな(나나)/しち(시찌)라고 읽지만, 7시는 しちじ(시찌지)로 발음한다.
숫자 9는 きゅう(큐)/く(구)라고 읽지만, 시간에서는 くじ(쿠지)로 발음한다.

알쏭달쏭한 표현!

전기(電気) ⟶ 덴키(한국어발음)

날씨(天気) ⟶ 텐키(한국어발음)

금(金) ⟶ 킨(한국어발음)

은(銀) ⟶ 긴(한국어발음)

한일 문화 배우기 - 온돌과 다다미

■ 온돌

온돌은 방바닥을 따뜻하게 하는 한국 전통의 난방 방식이다. 한국 사람들은 예로부터 온돌 문화로 추운 겨울을 따뜻하게 지내왔다.

최근 일본에서도 거실에 바닥난방(床暖房) 기능이 있는 맨션들이 늘어나고 있다.

■ 다다미

일본은 섬나라이기에 습기가 많아 볏짚과 골풀을 원료로 한 다다미를 사용하고 있다.

다다미는 습기뿐만 아니라 단열효과도 있으며 대개 180×90cm의 크기로 한 평 정도에 다다미 2장이 들어간다. 대부분의 일본 주택에는 다다미방이 설치되어 있다.

한자 익히기

한자	음독 / 훈독 및 용례
1. 一 한 일	음 いち/いっ 一年(いちねん) 일 년　一本(いっぽん) 한 자루 훈 ひと/ひとつ 一(ひと) つ 한 개
2. 二 두 이	음 に 二本(にほん) 두 자루 훈 ふた/ふたつ 二(ふた) つ 두 개　二日(ふつか) 2일
3. 三 석 삼	음 さん 三人(さんにん) 세 명　三本(さんぼん) 세 자루 훈 み 三(みっ) つ 세 개　三日(みっか) 3일
4. 四 넉 사	음 し 四季(しき) 사계 훈 よん/よっつ/よっ/よ 四(よっ) つ 네 개　四日(よっか) 4일
5. 五 다섯 오	음 ご 五時(ごじ) 5시 훈 いつ/いつつ 五(いつ) つ 다섯 개　五日(いつか) 5일
6. 六 여섯 육	음 ろく 六時(ろくじ) 6시 훈 む/むつ/むっつ/むい 六(むっ) つ 6개　六日(むいか) 6일
7. 七 일곱 칠	음 しち 七時(しちじ) 7시 훈 なな/なの 七(なな) つ 일곱 개　七日(なのか) 7일

한자	음독 / 훈독 및 용례
8. 八 여덟 팔	음 はち 八時(はち) じ 8시 훈 やっつ/やつ/や/よう ハ(やつ) つ 여덟 개 八日(ようか) 8일
9 .九 아홉 구	음 きゅう/く 九册(きゅうさつ)아홉권 九時(くじ)9시 훈 ここの(つ) 九(ここの)つ아홉개 九日(ここのか)9일
10. 十 열 십	음 じゅう/じっ 10時(じゅうじ) 10시 10杯(じっぱい) 10잔 훈 とお/と 十日(とお) か10일 十人十色(じゅうにんといろ) 각양각색

한자 연습하기

1. 一						
2. 二						
3. 三						
4. 四						
5. 五						
6. 六						
7. 七						
8. 八						
9. 九						
10. 十						

2과 삿포로 유키 마쯔리(雪祭(ゆきまつ)り)

회화내용　나카타니씨와 김수미는 삿포로의 유키 마쯔리에 대해서 이야기하고 있다.

中谷(なかたに)　キムスミさんは、雪(ゆき)が好(す)きですか？

キムスミ　はい、好(す)きです。雪(ゆき)が降(ふ)ると雪(ゆき)だるまを作(つく)ったりもします。

中谷(なかたに)　それはよかった。今週(こんしゅう)の金曜日(きんようび)さっぽろで雪(ゆき)まつりが開催(かいさい)されますが、一緒(いっしょ)に行(い)きませんか？

キムスミ　本当(ほんとう)ですか？ぜひ連(つ)れていってください。

▶ 삿포로 유키 마쯔리(雪祭(ゆきまつ)り)

中谷(なかたに)　김수미씨는 눈을 좋아하시나요?

キムスミ　네, 좋아합니다. 눈이 내리면 눈사람을 만들기도 한답니다.

中谷(なかたに)　잘 됐네요. 이번 주 금요일 삿포로에서 유키 마쯔리가 개최하는데 함께 가실래요?

キムスミ　아. 정말요? 데려가 주시지 않겠습니까?

단어

雪(ゆき) 눈	雪(ゆき)だるま 눈사람	金曜日(きんようび) 금요일
祭(まつ)り 축제	開催(かいさい) 개최	本当(ほんとう)ですか 정말요
一緒(いっしょ)に 함께	好(す)きだ 좋아하다	ぜひ 꼭, 제발
連(つ)れていってくれませんか 데려가 주시지 않겠습니까		今週(こんしゅう) 이번 주

여행관련 단어

일본어	한국어 해석
1. 観桜(かんおう)	벚꽃놀이
2. 花見(はなみ)	꽃구경
3. 遠足(えんそく)	소풍
4. お月見(つきみ)	달구경
5. ふたり旅(たび)	둘이 하는 여행
6. 遊(あそ)び回(まわ)る	놀러 다니다
7. 卒業旅行(そつぎょうりょこう)	졸업여행
8. ハイキング	하이킹
9. 視察旅行(しさつりょこう)	시찰여행
10. 見聞(けんぶん)を広(ひろ)める	견문을 넓히다

외래어 표기법 – 나라

일본어	한국어 해석
1. オランダ	네덜란드
2. アメリカ	미국
3. シンガポール	싱가포르
4. タイ	태국
5. マレーシア	말레이시아
6. イギリス	영국
7. ドイツ	독일
8. ロシア	러시아
9. フランス	프랑스
10. イタリア	이탈리아

숫자 세는 법 – 연필, 나무, 우산, 담배(가늘고 긴 물건)

일본어	한국어 해석
1. 一本(いっぽん)	한 자루
2. 二本(にほん)	두 자루
3. 三本(さんぼん)	세 자루
4. 四本(よんほん)	네 자루
5. 五本(ごほん)	다섯 자루
6. 六本(ろっぽん)	여섯 자루
7. 七本(ななほん)	일곱 자루
8. 八本(はっぽん)	여덟 자루
9. 九本(きゅうほん)	아홉 자루
10. 十本(じっぽん)	열 자루

쉬운 일본어 놀이

■ いくら, いくつ의 차이점

- いくら는 주로 값, 무게, 양을 나타낼 때 쓰이는 표현으로 얼마라는 뜻으로 해석된다.

  예) このリンゴはいくらですか？

  이 사과는 얼마입니까?

- いくつ 나이, 갯수를 표현할 때 쓰이며, 몇 살, 몇 개로 해석된다.

  예) あなたのお姉(ねえ)さんはいくつですか？

  당신의 언니는 몇 살입니까?

꼭 필요한 조사 배우기

~が(~이, ~가, ~지만)을 의미한다.

예) 私(わたし)は旅行(りょこう)が好(す)きです。

나는 여행이 좋습니다.

한일 문화 배우기 – 김치와 츠케모노

■ 김치(キムチ)

김치는 한국을 대표하는 발효식품으로 배추, 깍두기, 파김치 등 수십 가지의 종류가 있다. 한국 사람들의 밥상에 빠질 수 없는 음식으로 김치찌개. 김치전, 김치볶음밥 등 다양하게 요리할 수 있다.

■ 츠케모노(清物)

츠케모노는 오이, 무 등의 채소를 간장, 소금, 식초, 된장 등의 조미료에 절여 먹는 밥반찬이다. 대표적인 츠케모노로는 나라즈케(奈良清け)로 청주를 만들고 남은 술로 절여 단맛과 아삭한 식감, 약간의 청주향이 맛을 더욱 풍요롭게 해준다.

쉬어가는 이야기

▶ 낯선 사람에게 말 걸 때

모르는 사람에게 뭔가 물어볼 때라든지 가르쳐 달라고 할 때는 먼저 「실례합니다만(시츠레-데스가)」 혹은 「죄송합니다만(스미마셍가)」 하고 양해를 구하는 것이 먼저다. 그리고 레스토랑이나 커피숍에서 종업원을 부를 때 우리는 "여보세요(모시모시)"라고 하지만 일본에서는 "스미마셍"이라고 하고, 식당에서도 우리는 이모라고 하지만 일본에서는 "스미마셍"이라고 불러야 한다.

▶ 감사 표시

일본에서는 자기가 누군가에게 아무리 사소한 고마운 일을 받았을 때에도 무척 고맙게 생각하고, 감사의 표시를 지나칠 정도로 한다. 우리도 그들에게 사소한 고마움을 받았을 때에는 몇 번이고 고맙다는 인사를 하도록 노력해야 한다.(우리는 대체적으로 고맙다는 인사 표시에 인색한 편이다)

▶ 가족사항 이야기

일본에서는 사적인 일, 특히 가족사항에 대해서는 잘 물어보질 않는다. 실례가 될 수 있기 때문이다. 그리고 친가, 외가에 대한 호칭이 구별되어 있지 않고 사촌 이상의 친척에 대한 호칭도 없다. 특히 자신보다 윗사람이라 할지라도 남 앞에서는 자기 가족이나 친척일 경우에는 낮추어 말한다. 예를 들면 저희 아버님을 내 아버지처럼.

한자 익히기

한자	음독 / 훈독 및 용례
11. 円 둥글 원	음 えん 일본화폐　円高(えんだか) 엔강세　円安(えんやす) 엔약세 훈 まる　円(まる) い 둥글다
12. 日 해/날 일	음 にち/じつ　何日(なんにち) 며칠　平日(へいじつ) 평일 훈 ひ/か　日(ひ)해날　十日(とおか) 십일
13. 白 흰 백	음 はく/びゃく 白紙(はくし) 백지　百夜(ひゃくや) 백야 훈 しろ/しら　白(しろ) い 하얗다　白糸(しらいと) 흰 실
14. 百 일백 백	음 ひゃく　五百(ごひゃく) 오백 훈 もも　百日(ももか) 백일
15. 千 일천 천	음 せん　四千(よんせん) 4천 훈 ち　千(ち)歳(とせ) 천 년, 영원
16. 万 일만 만	음 まん/ばん　三万(さんまん) 3만　万歳(ばんざい) 만세 훈
17. 月 달 월	음 げつ/がつ　月末(げつまつ)월말　二月(にがつ)2월 훈 つき　月日(つきひ)세월
18. 火 불 화	음 か　火事(かじ) 화재 훈 ひ/び/ほ　火(ひ) 불　焚(た) き火(び) 모닥불, 횃불
19. 水 물 수	음 すい　水曜日(すいようび) 수요일 훈 水　水(みず) 물　水虫(みずむし) 무좀
20. 木 나무 목	음 もく/ぼく　木曜日(もくようび) 목요일　大木(たいぼく) 거목 훈 き/こ　木(き) 나무　木(こ) の葉(は) 나뭇잎

한자 연습하기

11. 円						
12. 日						
13. 白						
14. 百						
15. 千						
16. 万						
17. 月						
18. 火						
19. 水						
20. 木						

오사카편

3과 오사카 유니버셜 스튜디오

회화내용　나카타니씨와 김수미는 오사카의 유니버셜 스튜디오를 방문하고 있다.

中谷　ここがユニバーサルスタジオです。

キムスミ　人々でとても賑やかですね。

中谷　ユニバーサルスタジオは子供はもちろん、
大人たちのデートの場所としても人気があります。

キムスミ　私はずっと前からスパイダーマンが好きです。

中谷　じゃあ、今からスパイダーマンを見に行きましょう。

▶ 오사카 유니버셜 스튜디오

中谷(なかたに)　여기가 유니버셜 스튜디오에요.

キムスミ　사람들로 매우 붐비네요.

中谷(なかたに)　유니버셜 스튜디오는 어린이는 물론, 어른들 데이트 장소로도 인기가 있어요.

キムスミ　전 오래전부터 스파이더맨을 좋아합니다.

中谷(なかたに)　그럼, 지금부터 스파이더맨을 보러 갑시다.

단어

ここ 여기	ユニバーサルスタジオ 유니버셜스튜디오	
とても 매우	賑(にぎ)やかだ 붐비다	子供(こども) 어린이
大人(おとな) 어른	場所(ばしょ) 장소	人気(にんき) 인기
としても ~로도	ずっと前(まえ)から 오래 전부터	今(いま)から 지금부터
スパイダーマン 스파이더맨	いきましょう 갑시다	好(す)きだ 좋아하다

여행 관련 단어

일본어	한국어 해석
1. ぶらり旅(たび)	예정 없이 훌쩍 떠나는 여행
2. 羽(はね)を伸(の)ばす	일상에서 벗어나 날개를 활짝 피다
3. ハネムーン	신혼여행
4. スケッチ旅行(りょこう)	스케치 여행
5. 修学旅行(しゅうがくりょこう)	수학여행
6. 世界一週旅行(せかいいっしゅうりょこう)	세계일주여행
7. 旅歩(たびある)き	도보여행
8. ツアー	투어
9. トラベル	트래블(여행)
10. キャンプ	캠프

외래어 표기법 – 운동

일본어	한국어 해석
1. ゴール	골 경주의 결승점
2. サッカー	축구
3. スイミング	수영
4. スタート	출발
5. スポーツ	스포츠
6. ドッジボール	피구
7. ハイキング	하이킹
8. バスケットボール	농구
9. テニス	테니스
10. ゴルフ	골프

숫자 세는 법 - 신발 세기

일본어	한국어 해석
1. 一足(いっそく)	한 켤레
2. 二足(にそく)	두 켤레
3. 三足(さんそく)	세 켤레
4. 四足(よんそく)	네 켤레
5. 五足(ごそく)	다섯 켤레
6. 六足(ろくそく)	여섯 켤레
7. 七足(ななそく)	일곱 켤레
8. 八足(はっそく)	여덟 켤레
9. 九足(きゅうそく)	아홉 켤레
10. 十足(じゅっそく)	열 켤레

쉬운 일본어 놀이

■ 활용도 높은 毎(まい)

毎時間(まいじかん)	매시간	毎年(まいねん)	매년
毎週(まいしゅう)	매주	毎朝(まいあさ)	매일 아침
毎日(まいにち)	매일	毎晩(まいばん)	매일 밤
毎月(まいげつ)	매월	毎度(まいど)	매번, 항상

꼭 필요한 조사 배우기

~を(~를, ~을) 의미한다.

예) オレンジジュースをください。

오렌지주스를 주세요.

여행과 관련된 속담

旅(たび)することは生(い)きること。(アンデルセン) 안데르센

여행은 삶이다.

旅(たび)は、寛容(かんよう)を教(おし)える。(ベンジャミン) 벤자민

여행은 관용을 가르친다.

한일 문화 배우기 - 술좌석 매너

■ 한국

한국 사람들은 윗사람과 술을 마실 때는 얼굴을 정면으로 하지 않고 살짝 옆으로 돌려 마셔야 하는 것이 예의이며, 두 손으로 술을 따라야 한다. 안주를 먹을 때에는 뒤적이지 말고 먹을 안주만 젓가락으로 집어 술을 마실 때와 마찬가지로 얼굴을 살짝 옆으로 돌려먹어야 한다.

■ 일본

일본사람들은 더치페이 문화가 발달되어 연장자가 술값을 다 지불하지 않아도 된다. 술집에서의 회식시간은 제한이 있는데 대부분 2시간으로 제한되어 있으며 윗사람에게 술을 두 손으로 따르지 않아도 무방하다.

한자 익히기

한자	음독 / 훈독 및 용례
21. 金 쇠 금	음 きん/ごん　金曜日(きんようび) 금요일　黄金(おうごん) 황금 훈 かね/かな　お金(かね) 돈　金物(かなもの) 철물
22. 土 흙 토	음 ど/と　土曜日(どようび) 토요일　土地(とち) 토지 훈 つち　土(つち) 땅, 흙, 대지　土煙(つちけむり) 흙먼지
23. 上 윗 상	음 じょう　以上(いじょう) 이상　上着(うわぎ) 상의 윗도리 훈 うえ/うわ/かみ/あがる/のぼる　机の上(つくえのうえ) 책상 위
24. 中 가운데 중	음 ちゅう　中心(ちゅうしん) 중심 훈 なか　中(なか) 가운데　鞄の中(かばんのなか) 가방 안
25. 下 아래 하	음 か/げ　下流(かりゅう) 하류　上下(じょうげ) 상하 훈 した/しも/さげる/くだる/おりる　木(き)の下(した) 나무아래 下期(しもき) 하반기
26. 人 사람 인	음 じん/にん　日本人(にほんじん) 일본인　三人(さんにん) 3명 훈 ひと　此の人(このひと) 이 사람
27. 大 큰 대	음 だい/たい　大学(だいがく) 대학　大衆(たいしゅう) 대중 훈 おお　大(おお)きい 크다
28. 小 작을 소	음 しょう　小学校(しょうがっこう) 초등학교 훈 ちいさい/こ/お　小(ちい)さい 작다　小川(おがわ) 작은 시내
29. 少 적을 소	음 しょう　少年(しょうねん) 소년 훈 すく/すこ(し)　少(すく)ない 적다　少し(すこ)し 조금, 약간
30. 山 뫼 산	음 さん　富士山(ふじさん) 후지산 훈 やま　山(やま) 산

한자 연습하기

21. 金						
22. 土						
23. 上						
24. 中						
25. 下						
26. 人						
27. 大						
28. 小						
29. 少						
30. 山						

4과 오사카 도톤보리(道頓堀(どうとんぼり))

회화내용　나카타니씨와 김수미는 젊은이들의 거리 도톤보리를 관광하고 있다.

中谷(なかたに)　キムさんは道頓堀(どうとんぼり)に行(い)ったことがありますか？

キムスミ　いいえ、まだ行(い)ったことがないです。

中谷(なかたに)　道頓堀(どうとんぼり)は若者(わかもの)の町(まち)です。美味(おい)しいものも 多(おお)くて

ショッピングもできるところです。

また、道頓堀(どうとんぼり)では大(おお)きなカニの看板(かんばん)のレストランが有名(ゆうめい)です。いつ

も看板(かんばん)の前(まえ)で外国人(がいこくじん)が写真(しゃしん)をとっています。

キムスミ　うわぁ、私(わたし)も写真(しゃしん)をとりたいです。

▶ 도톤보리 상징 큰 게 간판

中谷(なかたに)　김상은 도톤보리에 간적이 있나요?

キムスミ　아니요, 아직 가보지 못했습니다.

中谷(なかたに)　도톤보리는 젊은이들의 거리예요. 맛있는 것도 많고 쇼핑도 할 수 있는 곳이지요. 또, 도톤보리에는 큰 게 간판의 식당이 유명합니다. 항상 간판 앞에서 외국인들이 사진을 많이 찍어요.

キムスミ　우와, 저도 사진을 찍고 싶어요.

단어

若者(わかもの)たち 젊은이들	町(まち) 거리	美味(おい)しいもの 맛있는 것
ショッピング 쇼핑	カニ 게	看板(かんばん) 간판
レストラン 식당	有名(ゆうめい) 유명	外国人(がいこくじん) 외국인
写真(しゃしん) 사진	行(い)ったことが 가본 적이	前(まえ) 앞
又(また) 아직	多(おお)くて 많고	いつも 항상
とりたい 찍고 싶다		

여행 관련 단어

일본어	한국어 해석
1. 週末旅行(しゅうまつりょこう)	주말여행
2. クルーズ	크루즈
3. 記念旅行(きねんりょこう)	기념여행
4. エコツーリズム	에코투어리즘
5. グリンツーリズム	그린투어리즘
6. 医療観光(いりょうかんこう)	의료관광
7. 列車(れっしゃ)ツアー	열차투어
8. 一人旅(ひとりたび)	혼자여행
9. バカンス旅行(りょこう)	바캉스여행
10. 体験(たいけん)ツアー	체험투어

외래어 표기법 – 음식

일본어	한국어 해석
1. アイスクリーム	아이스크림
2. アップルパイ	애플파이
3. オレンジジュース	오렌지주스
4. カレー	카레
5. クッキー	쿠키
6. グラタン	그라탕
7. クリームシチュー	크림시츄
8. ケーキ	케익
9. コロッケ	고로케
10. コーンスープ	콘스프

숫자 세는 법 – ~冊 책을 셀 때 사용하는 조수사

일본어	한국어 해석
1. 一冊(いっさつ)	한 권
2. 二冊(にさつ)	두 권
3. 三冊(さんさつ)	세 권
4. 四冊(よんさつ)	네 권
5. 五冊(ごさつ)	다섯 권
6. 六冊(ろくさつ)	여섯 권
7. 七冊(ななさつ)	일곱 권
8. 八冊(はっさつ)	여덟 권
9. 九冊(きゅうさつ)	아홉 권
10. 十冊(じゅっさつ)	열 권

쉬운 일본어 놀이

~ですか？ (~입니까?) 의문이나, 질문을 표현할 때 쓰인다.

예) 韓国人(かんこくじん)ですか？　　한국인입니까?

　　学生(がくせい)ですか？　　학생입니까?

　　友達(ともたち)ですか？　　친구입니까?

꼭 필요한 조사 배우기

~の (~의, ~의 것)

예) 彼(かれ)は誰(だれ)の友達(ともだち)ですか？

　　그는 누구의 친구입니까?

Tip

おみやげ(선물) 문화

일본의 おみやげ(오미야게) 문화의 배경은 에도시대(1603년~1867년) 이전으로 당시에는 누구나 여행을 갈 수 없으므로 마을을 대표한 사람만이 여행을 갈 수 있었다. 이에 여행을 다녀온 사람은 그 고마움의 표현과 더불어 꼭 그곳에 「다녀왔다」라는 증표로 지역 특산물을 선물하게 되어 오늘날의 おみやげ(오미야게) 문화로 발달되었다.

한일 문화 배우기 - 수원화성과 히메지성

■ 수원화성

수원화성은 세계문화유산으로 정조대왕의 아버지 사도세자에 대한 효심이 바탕이 되어 만들어진 성이다. 특징으로는 평산성의 형태와 외적인 아름다움을 갖추었다.

■ 히메지성

히메지성은 일본을 대표하는 3대성 중 하나로 순백의 하얀 성이 특징이다. 히메지성의 모습이 마치 백로가 날개를 활짝 핀 것 같은 모습이라 일본어로 흰 백로를 뜻하는 시라사기(白鷺)라 부르기도 한다. 400년 전의 모습이 남아있을 정도로 보존 상태가 좋아 연일 관광객들로 붐비는 곳이다.

쉬어가는 이야기

▶ 일본 요리

- 생선회(さしみ : 사시미)
- 튀김(てんぷら : 뎀뿌라)
- 메밀국수(そば : 소바)
- 스키야키(すきやき : 스끼야끼)
- 된장국(みそしる : 미소시루)
- 주먹밥(おにぎり : 오니기리)
- 생선초밥(すし : 스시)
- 일반국수(うどん : 우동)
- 덮밥(どんぶり : 돔부리)
- 샤부샤부(しゃぶしゃぶ)
- 낫또(なっとう)

▶ 외국인이 좋아하는 일본 요리

- 초밥
- 튀김
- 스끼야끼
- 소바
- 우동
- 샤브샤브
- 덮밥

▶ 사진 찍을 때

- 우리 : 김치
- 일본 : 치즈

한자 익히기

한자	음독 / 훈독 및 용례
31. 川 내 천	음 せん　山川(さんせん) 산천 훈 かわ　川(かわ) 강
32. 出 날 출	음 しゅう/すい　出席(しゅっせき) 출석　出納(すいとう) 출납 훈 で(る)/だ(す)　出(で) る 나가다　出(だ) す 내다, 제출하다
33. 入 들 입	음 にゅう　入学(にゅうがく) 입학 훈 い(れる)/い(る)/はい(る) 入(い)れる 넣다　入(はい)る 들어가다
34. 田 밭 전	음 でん　油田(ゆでん) 유전 훈 た　田中(たなか) 다나카(일본의 성씨)
35. 畑 화전 전	음 はたけ/はた　畑(はたけ) 밭　焼(や) き畑(はだ) 화전 훈
36. 力 힘 력	음 りょく/りき　努力(どりょく) 노력　力説(りきせつ) 역설 훈 ちから　力(ちから) 힘
37. 男 사내 남	음 だん/なん　男女(だんじょ) 남녀　長男(ちょうなん) 장남 훈 おとこ　男(おとこ) 남자
38. 女 계집 녀	음 じょ/によ/にょう　長女(ちょうじょ) 장녀 女房(にょうぼう) 집사람 훈 おんな/め 女(おんな) 여자　女神(めがみ) 여신
39. 子 아들 자	음 し/す 子女(しじょ) 자녀　様子(ようす) 모습, 모양 훈 こ　子供(こども) 어린이
40. 父 아비 부	음 ふ/とう　父子(ふし) 부자　お父(とう)さん 아버지 훈 ちち　父(ちち) 아버지

한자 연습하기

31. 川						
32. 出						
33. 入						
34. 田						
35. 畑						
36. 力						
37. 男						
38. 女						
39. 子						
40. 父						

도쿄편

5과 도쿄 스카이트리(東京スカイツリー)

회화내용 나카타니씨와 김수미는 도쿄의 상징인 스카이트리에 대해서 이야기하고 있다.

キムスミ　中谷さん、東京スカイツリーは、日本で一番高いタワー でしょう？

中谷　はい。東京スカイツリーは高さ634メートルで、日本で最も高いタワーです。展望台から東京市街が一目で見渡せます。

キムスミ　記念品を買いたいのですが、おすすめはどれですか。

中谷　東京スカイツリーのキーホルダーどうですか？

いつも持ち歩けるし、東京旅行の思い出になると 思います。

キムスミ　はい、そうですね。 友達にプレゼントしたいです。

中谷　友達もきっと喜ぶでしょう。

▶ 도쿄 스카이트리

キムスミ　나카타니씨, 도쿄 스카이트리는 일본에서 가장 높은 탑이지요?

中谷(なかたに)　네, 도쿄 스카이트리는 높이 634미터로 일본에서 제일 높은 탑입니다. 전망대에서 도쿄 시내가 한눈에 보입니다.

キムスミ　기념품을 사고 싶은데, 추천 좀 해주세요.

中谷(なかたに)　도쿄 스카이트리의 열쇠고리 어떠세요? 항상 가지고 다닐 수 있고 도쿄 여행의 추억을 간직할 수 있잖아요.

キムスミ　네, 그러네요. 친구들에게 선물하고 싶네요.

中谷(なかたに)　친구들이 꼭 좋아하겠네요.

단어

東京スカイツリー 도쿄 스카이트리

タワー 탑

高さ(たか) 높이

展望台(てんぼうだい) 전망대

東京市街(とうきょうしがい) 도쿄 시내

記念品(きねんひん) 기념품

買(か)いたいのですが 사고 싶은데

一目(ひとめ) 한눈에

見渡(みわた)せます 멀리 바라다보다

友達(ともだち) 친구들

持(も)つ 가지다

プレゼントする 선물하다

旅行(りょこう) 여행

思(おも)い出(で) 추억

大切(たいせつ)にする 간직하다

おすすめ 추천

~して下(くだ)さい 해주세요

キーホルダー 열쇠고리

きっと 꼭

喜(よろこ)ぶ 좋아하겠지요

歩(ある)ける 걷는다

一番(いちばん) 제일

最(さいだい)も 가장

호텔 관련 단어

일본어	한국어 해석
1. エアコン	에어컨
2. エキストラベッド	엑스트라베드
3. エレベーター	엘레베이터
4. お湯(ゆ)	끓인 물
5. クリーニングサービス	세탁서비스
6. シャワー	샤워
7. クローゼット	옷장
8. コンシェルジュ	안내서비스
9. コンチネンタルブレックファスト	유럽식 아침식사
10. サービス料(りょう)	서비스료

외래어 표기법 – 악기

일본어	한국어 해석
1. オルガン	오르간
2. カスタネット	캐스터네츠
3. ギター	기타
4. トライアングル	트라이앵글
5. バイオリン	바이올린
6. ハーモニカ	하모니카
7. ピアノ	피아노
8. メロディオン	멜로디온
9. ラッパ	나팔
10. リコーダー	리코더

숫자 세는 법 – ~階 건물의 층수를 세는 조수사

일본어	한국어 해석
1. 一階(いっかい)	1층
2. 二階(にかい)	2층
3. 三階(さんかい)	3층
4. 四階(よんかい)	4층
5. 五階(ごかい)	5층
6. 六階(ろっかい)	6층
7. 七階(ななかい)	7층
8. 八階(はっかい)	8층
9. 九階(きゅうかい)	9층
10. 十階(じっかい)	10층
11. 何階(なんかい)	몇 층?

쉬운 일본어 놀이

■ 존경어 / 겸양어 익히기

존경어　상대방에 대하여 존경을 표현할 때 쓰인다.

겸양어　상대방에 대하여 나의 언행을 겸손하게 표현할 때 쓰인다.

기본동사	존경어	겸양어
見る	ご覧になる	拝見する
言う	おっしゃる	申し上げる
居る	いらっしゃる	おる
知る	ご存じだ	存じ上げる
食べる	召し上がる	いただく
訪ねる	お訪ねになる	伺う
する	なさる	いたす
寝る	お休みになる	休ませていただく

꼭 필요한 조사 배우기

~へ (~로 방향을 말함)

예) 南へ向かう船

　남쪽으로 향하는 배

예) 明後日、韓国へ行きます。

　모레 한국으로 갑니다.

Tip

일본 은행의 영업시간

일본 은행의 영업시간은 오전 9시부터 오후 3시까지이다.
우리나라보다 일찍 끝나므로 주의해야 한다.

한일 문화 비교 - 인절미와 츠쿠시모찌

■ 인절미(もち米)

인절미는 한국 사람에게 오랫동안 사랑받아 온 떡 중의 한가지로 찹쌀이 원료이고 콩가루에 묻힌 고소한 떡으로 떡 중에서도 가장 오래된 떡이기도 하다.

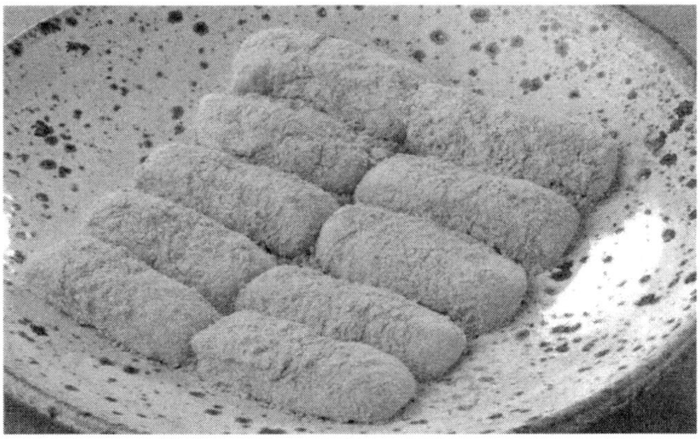

■ 츠쿠시모찌(つくし餅)

츠쿠시모찌는 후쿠오카의 명물로 한국의 인절미와 맛과 모양이 흡사하다. 특징으로는 떡을 달콤한 소스에 찍어 먹는 것이다.

일본에서 떡의 의미는 길게 늘어지므로 새해에 장수를 바라는 마음에서 먹는다.

도쿄 등의 관동지역은 떡 모양이 사각형이고, 오사카 등의 관서지역은 떡 모양이 동그랗다. 한국과는 다르게 유통기한이 긴 떡도 있다.

한자 익히기

한자	음독 / 훈독 및 용례
41. 母 어미 모	음 ぼ/かあ　母国(ぼこく) 모국　お母(かあ)さん 어머니 훈 はは　母(はは) 어머니
42. 文 글월 문	음 ぶん/もん　文学(ぶんがく) 문학　文部省(もんぶしょう) 문부성 훈 ふみ　文(ふみ) 서한, 편지
43. 字 글자 자	음 じ　文字(もじ) 문자 훈 あざ　大字(おおあざ) (일본의) 말단 행정구역
44. 学 배울 학	음 がく　学生(がくせい) 학생 훈 まな(ぶ)　学(まな)ぶ 배우다
45. 交 사귈 섞일 교	음 こう　交流(こうりゅう) 교류 훈 まじ(わる)/まざ(る)/かわ(す)　交(まじ)わる 사귀다 交(まざ)る 섞이다

한자	음독 / 훈독 및 용례
46. 校 학교 교	음 こう　学校(がっこう) 학교　母校(ぼこう) 모교 훈
47. 本 근본 본	음 ほん　本屋(ほんや) 책방, 서점 훈 もと　本(もと) 근본, 기본
48. 体 몸 체	음 たい/てい　体育(たいいく) 체육　体裁(ていさい) 체면 훈 からだ　体(からだ) 몸
49. 休 쉴 휴	음 きゅう　休日(きゅうじつ) 휴일 훈 やす(む)　休(やす)む 쉬다
50. 林 수풀 림	음 りん　密林(みつりん) 밀림 훈 はやし　林(はやし)の中(なか) 숲 속

한자 연습하기

41. 母						
42. 文						
43. 字						
44. 学						
45. 交						
46. 校						
47. 本						
48. 体						
49. 休						
50. 林						

나고야편

6과 나고야 トヨタ産業奇術記念館(토요타산업기술기념관)

회화내용　나카타니씨가 토요타산업기술기념관에 대해서 김수미에게 이야기하고 있다.

中谷　キムスミさん、最近話題になっている名古屋の観光名所を教えますよ。

キムスミ　どんなところですか？

中谷　トヨタ自動車の博物館です。自動車の歴史を見ることができ、色んな種類の自動車を見ることができる場所です。

キムスミ　そうなんですか？ 入場料はいくらですか？

中谷　入場料は、2500円です。

キムスミ　入場時間は何時から何時までですか？

中谷　午前10時から午後5時までです。

キムスミ　そうなんですね、来週一緒に行きませんか？

中谷　はい、そうしましょう。

▶ 토요타산업기술기념관

中谷(なかたに)	김수미씨 최근에 나고야의 관광명소로 화제가 되고 있는 곳을 알려 드릴게요.
キムスミ	어떤 곳인가요?
中谷(なかたに)	토요타자동차의 박물관입니다. 자동차의 역사를 볼 수 있고, 여러 종류의 자동차를 한눈에 볼 수 있는 곳이에요.
キムスミ	아, 그런가요? 입장료는 얼마죠?
中谷(なかたに)	입장료는 2500엔입니다.
キムスミ	입장시간은 몇 시부터 몇 시까지인가요?
中谷(なかたに)	오전 10시부터 오후 5시까지입니다.
キムスミ	그렇군요. 다음 주에 같이 가시겠습니까?
中谷(なかたに)	네, 그래요

단어

最近(さいきん) 최근	話題(わだい) 화제	～なっている ～되어 있다
観光名所(かんこうめいしょ) 관광명소	教(おし)え 가르침	どんな 어떤
ところ 곳	自動車(じどうしゃ) 자동차	博物館(はくぶつかん) 박물관
歴史(れきし) 역사	色々(いろいろ)な種類(しゅるい) 여러 종류	入場料(にゅうじょうりょう) 입장료
時間(じかん) 시간	午前(ごぜん) 오전	午後(ごご) 오후
来週(らいしゅう) 다음 주	行(い)きませんか 가시겠습니까?	いくらですか？ 얼마예요?
入場時間(にゅうじょうじかん) 입장시간	～から～まで ~부터 ~까지	そうなんですね 그렇군요
一緒(いっしょ)に 같이	行(い)く 가다	そうしましょう 그래요

호텔 관련 단어

일본어	한국어 해석
1. シングルルーム	싱글룸
2. スイートルーム	스위트룸
3. セーフティボックス	귀중품 보관함
4. ダブルルーム	더블룸
5. ツインルーム	트윈룸
6. デポジット	보증금
7. ドアマン	도어맨
8. フロント	프론트
9. ベルボーイ	벨보이
10. メイド	객실담당 여종업원

외래어 표기법 – ア행

일본어	한국어 해석
1. アイデア	아이디어
2. アイロン	다림질
3. アウト	아웃
4. アクセサリー	액세서리
5. アクセル	액셀
6. アクセント	액센트
7. アルバム	앨범
8. アナウンサー	아나운서
9. アパート	아파트
10. アルバイト	아르바이트

숫자 세는 법 – ~個 ~과일을 셀 때 사용하는 조수사

일본어	한국어 해석
1. 一個(いっこ)	한 개
2. 二個(にこ)	두 개
3. 三個(さんこ)	세 개
4. 四個(よんこ)	네 개
5. 五個(ごこ)	다섯 개
6. 六個(ろくこ)	여섯 개
7. 七個(ななこ)	일곱 개
8. 八個(はちこ)	여덟 개
9. 九個(きゅうこ)	아홉 개
10. 十個(じゅっこ)	열 개

쉬운 일본어 놀이

何(なん)ですか？ 무엇입니까?

예) これは 何(なん)ですか？　　　　이것은 무엇입니까?

　それは 何(なん)ですか？　　　　그것은 무엇입니까?

　あれは 何(なん)ですか？　　　　저것은 무엇입니까?

꼭 필요한 조사 배우기

～も　～도, ～나

예) 今日(きょう)も雨(あめ)が降(ふ)っていますか？

　오늘도 비가 오나요?

예) キムさんも日本語(にほんご)の先生(せんせい)ですか？

　김씨도 일본어 선생님입니까?

한일 문화 배우기 – 숟가락과 젓가락

■ 숟가락

한국 사람들의 기본 상차림은 국과 밥으로 이루어져 국과 밥은 숟가락을 사용하며 젓가락은 반찬을 집을 때 사용한다. 밥공기를 들고 먹는 일본과는 다르게 국그릇과 밥그릇은 상위에 놓고 먹는 밥상문화이다.

■ 젓가락

일본 사람들은 대부분의 식사를 할 때 젓가락(箸[はし])을 이용하지만, 국물이 있는 메뉴에는 숟가락을 사용한다. 한국과 다른 점은 1인 밥상문화이다.

쉬어가는 이야기

▶ 일본 조미료 넣는 순서

사, 시, 스, 세, 소순으로 넣는다.

사(さとう : 설탕) ⇒ 시(しお : 소금) ⇒ 스(す : 식초) ⇒ 세(しょう : 간장) ⇒ 소(みそ : 된장)

한자 익히기

한자	음독 / 훈독 및 용례
51. 森 숲 삼	음 しん　森林(しんりん) 삼림 훈 もり　森(もり) 숲, 수풀
52. 口 입 구	음 こう/く　入口(じんこう) 입구　口調(くちょう) 어조 훈 くち　入口 (いりぐち) 입구
53. 目 눈 목	음 もく/ぼく　目標(もくひょう) 목표　面目(めんもく/めんぼく) 면목 훈 め/ま　目上(めうえ) 연장자　目映い(まばゆ)い 눈부시다
54. 見 볼 견	음 けん　見学(けんがく)견학 훈 みえ/みえる/みせる 見(み) る 보다　見(み)える 보이다 見(せる) (남에게) 보이다
55. 耳 귀 이	음 じ　耳目(じもく) 이목, 견문 훈 みみ　耳(みみ) 귀　耳飾(みみかざ)り 귀걸이
56. 手 손 수	음 しゅ　拍手(はくしゅ) 박수 훈 て　手(て) 손　手袋(てぶくろ) 장갑
57. 毛 털 모	음 もう　毛布(もうふ) 모포, 담요 훈 け　毛(け) 털　毛皮(けがわ) 모피
58. 足 발 족	음 そく　不足(ふそく) 부족　満足(まんぞく) 만족 훈 あし/た(りる)/たす 足(あし) 발　足(た)りる 족하다 足(た) す 더하다
59. 走 달릴 주	음 そう　逃走(とうそう) 도주 훈 はし(る) 走(はし) る 달리다
60. 止 그칠 지	음 し　停止(ていし) 정지　禁止(きんし) 금지 훈 と(まる)/と(める)　止(と) まる 머물다　止(と) める 멈추다

한자 연습하기

51. 森						
52. 口						
53. 目						
54. 見						
55. 耳						
56. 手						
57. 毛						
58. 足						
59. 走						
60. 止						

규슈편

7과 규슈 마린월드 우미노나카미치(マリンワールド 海の中道)

회화내용 나카타니씨와 김수미는 후쿠오카에서 규모가 가장 큰 수족관을 둘러보고 있다.

中谷 キムさん、ここが色々な種類の魚を見ることができる水族館です。

キムスミ 水族館には、どれくらいの魚がいますか？

中谷 約350種類の魚がいます。

キムスミ イルカショーもありますか？

中谷 もちろんです。午後2時と5時にイルカショーがあります。

キムスミ 本当におもしろそうですね。お昼ご飯の後、イルカショーを見に行きたいですね。

中谷 そうですね。お昼ご飯は福岡で最も有名なラーメンにしましょう。

キムスミ うわぁ、おいしそう。

▶ 규슈 마린월드

中谷(なかたに)　김상, 이곳이 여러 종류의 물고기를 볼 수 있는 수족관입니다.

キムスミ　수족관에는 얼마나 물고기가 있나요?

中谷(なかたに)　약 350종류의 물고기가 있어요.

キムスミ　돌고래 쇼도 하나요?

中谷(なかたに)　물론이죠. 오후 2시와 5시에 돌고래 쇼가 있어요.

キムスミ　정말 재미있겠네요. 점심 식사 후 돌고래 쇼를 보러 가면 좋겠네요.

中谷(なかたに)　그래요. 점심은 후쿠오카에서 가장 유명한 라멘으로 먹지요.

キムスミ　우와 맛있겠네요.

단어

水族館(すいぞくかん) 수족관	色々(いろいろ)な種類(しゅるい) 여러 종류	魚(さかな) 물고기
見(み)ることができる 볼 수 있다		どれくらい 얼마나
約(やく) 약	イルカショー 돌고래 쇼	もちろん 물론
午後(ごご) 오후	本当(ほんとう) 정말	おもしろい 재미있다
最(もっと)も 가장	有名(ゆうめい)な 유명한	昼(ひる)ご飯(はん) 점심식사
ラーメン 라멘	食(た)べる 먹다	おいしそう 맛있겠다

호텔 관련 단어

일본어	한국어 해석
1. ロビー	로비
2. 宴会場(えんかいじょう)	연회장
3. 勘定書(かんじょうしょ)	청구서
4. 館内電話(かんないでんわ)	관내전화
5. 国際電話(こくさいでんわ)	국제전화
6. 支配人(しはいにん)	지배인
7. 受付(うけつけ)	접수처
8. 宿泊申込書(しゅくはくもうしこみしょ)	숙박신청서
9. 食堂(しょくどう)	식당
10. 税金(ぜいきん)	세금

외래어 표기법 - 타는 거

일본어	한국어 해석
1. エスカレーター	에스컬레이터
2. エレベーター	엘리베이터
3. ショベルカー	셔블 카
4. タクシー	택시
5. ダンプカー	덤프카, 덤프트럭
6. バイク	오토바이
7. バス	버스
8. パトカー	경찰차
9. ブルドーザー	불도저
10. ヘリコプター	헬리콥터

숫자 세는 법 - ~羽 새를 셀 때 쓰는 조수사

일본어	한국어 해석
1. 一羽(いちわ)	한 마리
2. 二羽(にわ)	두 마리
3. 三羽(さんわ)	세 마리
4. 四羽(よんわ)	네 마리
5. 五羽(ごわ)	다섯 마리
6. 六羽(ろくわ)	여섯 마리
7. 七羽(ななわ)	일곱 마리
8. 八羽(はちわ)	여덟 마리
9. 九羽(きゅうわ)	아홉 마리
10. 十羽(じゅうわ)	열 마리

쉬운 일본어 놀이

~でしょう　~일 것입니다

(추측을 나타내거나 상대방의 동의를 구할 때 쓰이는 표현)

예) 中谷さんは明日(あした)まで夏休(なつやす)みでしょう。

나카타니씨는 내일까지 여름 휴가일 것입니다.

예) キムスミさんは会社員(かいしゃいん)でしょうか？

김수미씨는 회사원인가요?

꼭 필요한 조사 배우기

~てから　~하고 나서

예) してから	하고 나서
예) 行(い)ってから	가고 나서
예) 読(よ)んでから	읽고 나서
예) 買(か)ってから	사고 나서
예) 見(み)てから	보고 나서
예) 来(き)てから	오고 나서

한일 문화 배우기 – 자전거

■ 한국인의 자전거

한국 사람들은 건강에 대한 관심이 많아지면서 자전거를 주로 운동 목적으로 탄다.

■ 일본인의 자전거

일본 사람들의 실생활에서 자전거는 없어서는 안 될 중요한 교통수단이다. 대부분 가족 수대로 자전거가 있다.

쉬어가는 이야기 - 도조와 도모

▶ どうぞ(도-조)

무언가를 권장하거나 상대방으로 하여금 그 행동을 하게끔 유도하는 말.
"어서요", "자 여기요" 등(영어의 Please와 같음)
예를 들어 음식을 대접할 때 "도-조"하면 "자 어서 드세요",
차를 탈 때 "도-조"하면 "자 어서 타세요",
이야기하다가 동시에 말을 꺼냈을 때 "도-조"하면 "먼저 말씀하세요."

▶ どうも(도-모)

고맙습니다.
"감사합니다."인 "도모 아리가또 고자이마스"의 뒤를 생략한 것이다.
예를 들면 뭔가를 받았을 때 "도-모"하면 "이런 걸 주셔서 고맙습니다."
상대방에게 고마움을 느낄 때 "도-모"하면 친한 사이에 "고마워"
엘리베이터를 탈 때, 상대방이 "도-조"(Please)하면 나는 "도-모"(Thank You)하면 된다.

한자 익히기

한자	음독 / 훈독 및 용례
61. 歩 걸을 보	음 ほ/ふ/ぷ 徒歩(とほ) 도보 훈 ある(く)/あゆむ 歩(ある)く 歩(あゆ)む 걷다
62. 正 바를 정	음 せい/しょう 正門(せいもん) 정문 正午(しょうご) 정오 훈 ただ(しい)/まさ 正(ただ) しい 옳다 正(まさ) に 틀림없이
63. 光 빛 광	음 こう 観光(かんこう) 관광 훈 ひか(る)/ひかり 光(ひか) る 빛나다 光(ひかり) 빛
64. 先 먼저 선	음 せん 先生(せんせい) 선생님 훈 さき 先(さき) に 먼저
65. 洗 씻을 세	음 せん 洗濯(せんたく) 세탁 훈 あら(い) 洗(あら)い 닦다

한자	음독 / 훈독 및 용례
66. 生 날 생	음 せい/しょう　人生(じんせい) 인생　生涯(しょうがい) 생애 훈 い(きる)/う(まれる)　生(い) きる 살다　生(う) まれる 태어나다
67. 星 별 성	음 せい/しょう　北極星(ほっきょくせい) 북극성 明星(みょうじょう) 명성 훈 ほし　星(ほし) 별
68. 性 성품 성	음 せい　男性(だんせい) 남성 훈 しょう　本性(ほんしょう) 본성
69. 夕 많을 다	음 せき　一朝一夕(いっちょういっせき) 일조일석 훈 ゆう　夕方(ゆうがた) 해질녘
70. 名 이름 명	음 めい/みょう　名誉(めいよ) 명예　名字(みょうじ) 성씨, 성 훈 な　名前(なまえ) 이름

한자 연습하기

61. 歩						
62. 正						
63. 光						
64. 先						
65. 洗						
66. 生						
67. 星						
68. 性						
69. 夕						
70. 名						

간사이편

8과 와카야마 고야산(高野山)

회화내용　나카타니씨와 김수미는 일본의 유명한 사찰마을 고야산에서 템플스테이를 하고 있다.

中谷　キムさんは、テンプルステイをしてみたことがありますか？

キムスミ　はい、韓国の求仁寺で友達と4泊５日のテンプルステイをしました。

中谷　では、精進料理も食べましたね。

キムスミ　最初は大丈夫でしたが、ずっと食べていると少し飽きますね。

中谷　ええ，そうですね。高野山では嫌なことも我慢する心が必要です。

キムスミ　はい、それに、良い空気と自然に囲まれていると心が落ち着きますね。

中谷　私も久しぶりにきれいな自然と静かなお寺にいて本当に気持ちがいいです。

▶ 고야산 스님들의 행렬

中谷(なかたに)　김상은 템플스테이를 해 본 적이 있나요?

キムスミ　네, 한국의 구인사에서 친구들과 4박5일 템플스테이를 해봤습니다.

中谷(なかたに)　그럼, 사찰 음식도 먹었겠네요.

キムスミ　처음에는 괜찮은데 계속 먹으니깐 약간 질리네요.

中谷(なかたに)　네, 그렇죠, 고야산에서는 싫은 것도 참아야 하는 마음도 필요합니다.

キムスミ　네, 그리고, 좋은 공기와 자연에 둘러싸여 있으니 마음이 안정이 되네요.

中谷(なかたに)　저도 오랜만에 깨끗한 자연과 조용한 사찰에 있어서 기분이 좋습니다.

단어

お寺(てら) 사찰	高野山(こうやさん) 고야산	テンプルステイ 템플스테이
友達(ともだち) 친구들	4泊5日(よんはくいつか) 4박5일	最初(さいしょ) 처음
ずっと 계속	食(た)べる 먹다	少(すこ)し 약간
飽(あ)きる 질리다	精進料理(しょうじんりょうり) 사찰음식	嫌(いや)な 싫은
そうですね 그렇죠	良(い)い空気(くうき) 좋은 공기	自然(しぜん) 자연
囲(かこ)まれて 둘러싸여	心(こころ) 마음	落(お)ち着(つ)きますね 안정이 되다
きれいだ 깨끗하다	久(ひ)しぶりに 오랜만에	静(しず)かな 조용한
我慢(がまん)する 견디다, 참다	必要(ひつよう) 필요	気持(きも)ち 마음, 기분

의류 관련 단어

일본어	한국어 해석
1. ブラウス	블라우스
2. セーター	스웨터
3. ユニフォーム	유니폼
4. スカート	스커트
5. ズボン	바지
6. ワンピース	원피스
7. ガーディガン	가디건
8. Tシャツ	T셔츠
9. コート	코트
10. ベルト	벨트

외래어 표기법 – イ행

일본어	한국어 해석
1. イメージ	이미지
2. インク	잉크
3. インターナショナル	인터내셔널
4. インタビュー	인터뷰
5. インテリ	인텔리
6. インフォメーション	안내
7. インタフォン	인터폰
8. インフレ	인플레
9. イコール	같음
10. インナー	내부, 안쪽

숫자 세는 법 – ~本 넥타이를 세는 조수사

일본어	한국어 해석
1. 一本(いっぽん)	한 개
2. 二本(にほん)	두 개
3. 三本(さんぼん)	세 개
4. 四本(よんほん)	네 개
5. 五本(ごほん)	다섯 개
6. 六本(ろくほん)	여섯 개
7. 七本(ななほん)	일곱 개
8. 八本(はちほん)	여덟 개
9. 九本(きゅうほん)	아홉 개
10. 十本(じっぽん)	열 개

쉬운 일본어 놀이

~なら　~이라면

만약이라는 가정을 나타낼 때 쓰이는 표현이다.

예) 彼女(かのじょ)ならきっと大丈夫(だいじょうぶ)です。

그녀라면 반드시 괜찮습니다.

예) 彼(かれ)の運転(うんてん)なら安心(あんしん)です。

그의 운전이라면 안심합니다.

꼭 필요한 조사 배우기

~や　~랑, ~나

예) 中谷さんはリンゴやバナナなどを買(か)いました。

나카타니씨는 사과랑 바나나 등을 샀습니다.

예) キムスミさんは本(ほん)やノートなどを買(か)いました。

김수미씨는 책이랑 노트 등을 샀습니다.

한일 문화 배우기 – 김밥과 오니기리

■ 김밥

김밥은 김 위에 밥을 올린 뒤 취향에 따라 시금치, 계란, 고기, 당근 등을 올린 후 크기에 따라 보기 좋게 말은 후 잘라먹는 음식이다. 한국 사람들은 소풍이나 나들이 갈 때 주로 김밥을 만들어 먹는다.

■ 오니기리

오니기리의 어원은 '쥐다 잡다'라는 뜻의 니기루(にぎる)라는 동사의 명사형인 니기리(にぎり)에서 유래된 말이다. 일본 사람들은 소풍이나 야외에서 식사를 할 때에 주로 만들어 먹으나 간단하게 식사대용으로 편의점, 슈퍼 등에서도 판매하고 있다.

흰 밥에 여러 가지 재료(우메보시, 가쯔오부시)를 넣고 집기 편하게 삼각형 모양으로 만든다.

쉬어가는 이야기

▶ 일본 일상 문화 Ⅱ

- 설날이나 휴일은 거의 양력을 사용한다.
- 12간지에 멧돼지 해가 있다.
- 자동차는 좌측통행하며 운전석이 우측에 있다.
- 지하철 내에서 물건을 못 판다.
- 교회의 수가 적다.
- 신학기는 4월에 시작하며 하반기는 10월에 시작한다.
- 다다미방이 많다.
- 군대는 의무제가 아니다. 자위대는 지원이다.
- 일본 TV 방송 도중 광고를 한다.

▶ 한국의 경우

- 설날이나 추석 등 명절이나 기일 등은 주로 음력을 사용한다.
- 12간지에 돼지해가 있다.
- 자동차는 우측통행하며 운전석은 좌측에 있다.
- 지하철 안에 물건 파는 사람이 있다.
- 교회의 수가 많다.(심지어 한 건물에 교회가 2개가 있다)
- 신학기는 3월에 시작하며 하반기는 9월에 시작한다.
- 다다미가 아니라 온돌이다.
- 군대는 의무제이다.
- 한국은 TV 방송 도중 광고를 하지 않는다.

한자 익히기

한자	음독 / 훈독 및 용례
71. 多 많을 다	음 た　多分(たぶん) 아마 훈 おお(い) 多(おお) い 많다
72. 外 바깥 외	음 がい/げ　外国(がいこく) 외국　外科(げか) 외과 훈 そと/ほか　外(そと) 밖　その外(ほか) 그 외, 기타

한자	음독 / 훈독 및 용례
73. 内 안 내	음 ない/だい　内科(ないか) 내과　境内(けいだい) 경내 훈 うち　内側(うちがわ) 안쪽
74. 肉 고기 육	음 にく　肉(にく) 고기　肉食(にくしょく) 육식 훈
75. 左 왼쪽 좌	음 さ　左折(させつ) 좌회전 훈 ひだり　左手(ひだりて) 왼손
76. 右 오른쪽 우	음 う/ゆう　右折(うせつ) 우회전 훈 みぎ　右手(みぎて) 오른손
77. 石 돌 석	음 せき/しゃく/こく　石油(せきゆ) 석유　磁石(じしゃく) 자석 훈 いし　石橋(いしばし) 돌다리
78. 岩 바위 암	음 がん　岩石(がんせき) 암석 훈 いわ　岩(いわ) 바위　岩山(いわやま) 바위산
79. 早 이를 조	음 そう/さっ　早朝(そうちょう) 이른 아침　早速(さっそく) 즉시 훈 はや(い)　早(はや)い 이른
80. 草 풀 초	음 そう　草原(そうげん) 초원 훈 くさ　草(くさ) 풀　草花(くさばな) 화초

한자 연습하기

71. 多						
72. 外						
73. 内						
74. 肉						
75. 左						
76. 右						

77. 石						
78. 岩						
79. 早						
80. 草						

시코쿠편

9과 시코쿠 香川のうどん

회화내용 나카타니씨와 김수미는 가가와현의 명물인 사누키 우동을 먹으러 우동가게에 왔다.

キムスミ　中谷さん、香川県はうどんが有名だと聞きました。

中谷　はい。こしの強さが特徴な讃岐うどんが有名です。

キムスミ　うどんはいくらくらいですか？

中谷　種類によって違いますがだいたい 450円くらいです。

キムスミ　私は天ぷらうどんを注文します。中谷さんは？

中谷　では、私は釜玉うどんにします。

キムスミ　釜玉うどんとはなんですか？

中谷　溶き卵とうどんを混ぜて食べるうどんです。とても柔らかいです。

キムスミ　早く食べてみたいです。

中谷　すみません。天ぷらうどんと釜玉うどんをください。

▶ 사누키 우동과 튀김

キムスミ　나카타니씨, 가가와현은 우동이 유명하다고 들었어요.

中谷（なかたに）　네. 쫄깃한 것이 특징인 사누키 우동이 유명합니다.

キムスミ　우동은 얼마 정도예요?

中谷（なかたに）　종류에 따라 다르지만, 대략 450엔 정도 합니다.

キムスミ　저는 덴뿌라 우동으로 주문할게요. 나카타니씨는?

中谷（なかたに）　그럼, 저는 가마타마 우동으로 하지요.

キムスミ　가마타마 우동은 뭔가요?

中谷（なかたに）　계란에 풀어먹는 우동입니다. 맛이 굉장히 부드러워요.

キムスミ　빨리 먹고 싶네요.

中谷（なかたに）　여기요, 덴뿌라 우동과 가마타마 우동 주세요.

단어

香川県(かがわけん) 가가와현	名物(めいぶつ) 명물	讃岐(さぬき)うどん 사누키 우동
店(みせ) 가게	こしが強(つよ)い 쫄깃하다	特徴(とくちょう) 특징
有名(ゆうめい)だ 유명하다	いくらですか？ 얼마예요?	種類(しゅるい) 종류
違(ちが)う 다르다	だいたい 대략	くらい ~정도
私(わたし)は 저는	天(てん)ぷらうどん 덴뿌라우동	注文する 주문하다
では 그럼	釜玉(かまたま)うどん 가마타마 우동	卵(たまご) 계란
混(ま)ぜて 섞어	溶(と)く 풀다, 개다	とても柔(やわ)らかい 굉장히 부드럽다
食(た)べたい 먹고 싶다	すみません 여기요	

음식 관련 단어

일본어	한국어 해석
1. 弁当(べんとう)	도시락
2. どんぶり	덮밥
3. ラーメン	라면
4. そば	메밀국수
5. パン	빵
6. おかず	반찬
7. スープ	스프
8. 目玉焼(めだまや)き	계란 프라이
9. ステーキ	스테이크
10. カレー	카레

외래어 표기법 – ウ행

일본어	한국어 해석
1. ウェブ	웹
2. ウォーキング	워킹
3. ウォーター	워터
4. ウインター	겨울
5. ウーロンちゃ	우롱차
6. ウオッチ	시계
7. ウエディング	웨딩
8. ウエスト	서쪽
9. ウニ	성게
10. ウイスキー	위스키

숫자 세는 법 – ~通　~통 엽서 수를 셀 때 쓰는 조수사

일본어	한국어 해석
1. 一通(いっつう)	한 통
2. 二通(につう)	두 통
3. 三通(さんつう)	세 통
4. 四通(よんつう)	네 통
5. 五通(ごつう)	다섯 통
6. 六通(ろくつう)	여섯 통
7. 七通(ななつう)	일곱 통
8. 八通(はちつう)	여덟 통
9. 九通(きゅうつう)	아홉 통
10. 十通(じゅうつう)	열 통

쉬운 일본어 놀이

■ ~から　~에서, ~부터

예) 皆(みな)さん、今日(きょう)から中間(ちゅうかん)テストです。

여러분, 오늘부터 중간고사 입니다.

예) 大阪(おおさか)から出発(しゅっぱつ)です。

오사카에서 출발합니다.

■ めちゃくちゃ　엉망진창(많이 쓰이는 회화표현)

예) 中谷さんの部屋(へや)はめちゃくちゃです。

나카타니씨의 방은 엉망진창입니다.

예) 彼(かれ)の成績(せいせき)はめちゃくちゃです。

그의 성적은 엉망진창입니다.

꼭 필요한 조사 배우기

~より　~보다

예) 去年(きょねん)より暑(あつ)い。

작년보다 덥다.

예) 彼(かれ)は去年(きょねん)より太(ふと)った。

그는 작년보다 살이 쪘다.

일본의 주거형태

일본사람들의 주거형태는 크게 단독주택(一戸建(いっこだ)て), 맨숀(マンション)으로 나뉜다. 맨숀은 우리나라 기준으로 아파트이고 일본에서 아파트는 연립주택으로 보면 된다. 방세는 월세만 존재한다.

한일 문화 배우기 - 한복과 기모노

■ 한복

한복은 한국 사람들의 전통의복으로 결혼식 등 중요한 행사에 주로 입는다. 요즘에는 일상생활에서 편하게 입을 수 있는 개량한복이 있어 생활 속에서 쉽게 한복을 접할 수 있다.

■ 기모노

기모노는 일본의 전통의복이다. 기모노의 특징으로는 혼자 입을 수 없어 기모노를 입혀주는 사람 키츠케(着付け)가 필요하다. 옷 자체가 폭이 좁아 움직일 때 크게 움직일 수 없어 작은 총총 걸음으로 움직여야 한다. 기모노보다 손쉽게 입을 수 있는 유타카는 주로 여름의 축제나, 온천에서 목욕 후 실용적으로 입을 수 있다.

기모노

유타카

쉬어가는 이야기

▶ 일본의 세계문화유산

- 호류지(法隆寺)의 불상건축물
- 야쿠시마(屋久島)
- 교토(京都)의 문화재
- 이쓰쿠시마 산사(嚴島神社)
- 규슈큐 유적 및 큐큐왕국 유적
- 기이 산지의 성지와 성지순례 루트
- 히메지성(姫路城)
- 시라카미 산지(白神山地)
- 시라카와고(白川鄕)
- 히로시마 원폭돔
- 닛코의 사당과 사원
- 나라 역사기념관

▶ 한국의 경우

- 석굴암, 불국사
- 지석묘 유적
- 수원의 화성
- 경주역사 유적지구
- 조선왕릉
- 한국의 역사마을 : 하회와 양동마을
- 종묘
- 해인사의 장정판전
- 창덕궁
- 제주 화산섬과 용암동굴
- 남한산성
- 백제문화유적지구

한자 익히기

한자	음독 / 훈독 및 용례
81. 化 될 화	음 か/け　化石(かせき) 화석　化粧(けしょう) 화장 훈 ば(ける)/ば(かす)　化(ば)ける 둔갑하다　化(ば)かす 속이다
82. 花 꽃 화	음 か　花瓶(かびん) 화병 훈 はな　花(はな) 꽃　花嫁(はなよめ) 신부
83. 竹 대나무 죽	음 ちく　竹林(ちくりん) 대나무 숲 훈 たけ　竹(たけ) 대나무　竹細工(たけざいく) 죽세공
84. 今 이제 금	음 こん/こ　今日(こんにち) 오늘(날)　今年(ことし) 금년 훈 いま　今(いま) 지금　ただ今(いま) 다녀왔습니다

한자	음독 / 훈독 및 용례
85. 会 만날 회	음 かい/え　会社(かいしゃ) 회사　会得(えとく) 터득 훈 あ(う)　会(あ)う 만나다
86. 合 합할 합	음 ごう/がっ/かっ　合格(ごうかく) 합격　合併(がっぺい) 합병 훈 あ(う)/あ(わせる) 合(あ)う 합하다, 일치하다 合(あ)わせる 만나게 하다
87. 答 대답할 답	음 とう　回答(かいとう) 회답 훈 こた(える)　答(こた)える 대답하다
88. 立 설 립	음 りつ/りゅう　国立(こくりつ) 국립 建立(こんりゅう/けんりつ) 건립 훈 た(つ)/た(てる)　立(た)つ 서다　立(た)てる 세우다
89. 位 자리 위	음 い　地位(ちい) 지위 훈 くらい　名人(めいじん)の位(くらい) 명인의 자리
90. 泣 울 읍	음 きゅう　泣哭(きゅうこく) 소리 내어 슬피 울다 훈 な(く)　泣(な)く 울다

한자 연습하기

81. 化						
82. 花						
83. 竹						
84. 今						
85. 会						
86. 合						
87. 答						

88. 立						
89. 位						
90. 泣						

오키나와편

10과 오키나와 망고카페 マンゴーカフェ

회화내용 나카타니씨와 김수미는 일본에서 남극의 정치를 가장 잘 느낄 수 있는 오키나와를 둘러보고 있다.

キムスミ 中谷さん、私は沖縄に来たら是非マンゴーを食べてみたいんです。

中谷 はは,そうですね。もう少し歩いたらマンゴーカフェがあります。マンゴーを材料にしたケーキ、ジュース、かき氷があります。
キムスミさんはどれが好きですか？

キムスミ 私はマンゴーかき氷が好きです。中谷さんは？

中谷 私はマンゴージュースが好きです。沖縄では、ほとんどの家にマンゴーの木があります。沖縄の気候は マンゴーの木が育つには最適ですよ。

キムスミ うわ、うらやましいです。家でマンゴーをとって食べられるなんて

中谷 私もうらやましいです。大阪出身なので…

▶ 오키나와 망고카페

キムスミ　나카타니씨, 저는 오키나와에 오면 꼭 망고를 먹어보고 싶었어요.

中谷(なかたに)　하하, 그래요. 조금 더 걸어가면 망고카페가 있어요. 망고를 재료로 한 케이크, 주스, 빙수가 있어요. 김수미씨는 어떤 것을 좋아하나요?

キムスミ　저는 망고 빙수가 좋아요. 나카타니씨는요?

中谷(なかたに)　저는 망고 주스가 좋아요. 오키나와에서는 거의 대부분 집에 망고나무가 있어요. 오키나와의 기후가 망고나무가 자라기에 최적이지요.

キムスミ　우와, 부럽네요. 집에서 망고를 따먹을 수 있고

中谷(なかたに)　저도 부럽네요. 오사카 출신이라…

단어

- 沖縄(おきなわ) 오키나와
- 食(た)べたい 먹고 싶다
- 歩(ある)いたら 걸어가면
- ケーキ 케이크
- 好(す)きですか？ 좋아하나요?
- マンゴーの木(き) 망고나무
- 育(そだ)つ 자라다
- うらやましい 부럽다
- ～出身(しゅっしん) ～출신
- 来(き)たら ～오면
- そうですね 그래요
- カフェ 카페
- ジュース 주스
- ほとんどの 거의 대부분의
- あります 있어요
- 最適(さいてき)だ 최적이다
- とって食(た)べる 따먹다
- 是非(ぜひ) 꼭
- もう少(すこ)し 조금 더
- 材料(ざいりょう)にした 재료로 한
- かき氷(ごおり) 빙수
- 家(いえ) 집
- 気候(きこう) 기후
- うわ 우와
- 私(わたし)も 저도

비행기 관련 단어

일본어	한국어 해석
1. 機内食(きないしょく)	기내식
2. 機内販売(きないはんばい)	기내판매
3. 救命胴衣(きゅうめいどうい)	구명동의
4. 国際線(こくさいせん)	국제선
5. 往復便(おうふくびん)	왕복편
6. 航空機便名(こうくうきびんめい)	항공기 편명
7. パスポート	여권
8. 毛布(もうふ)	담요
9. 到着(とうちゃく)	도착
10. 免税品(めんぜいひん)	면세품

외래어 표기법 – オ행

일본어	한국어 해석
1. オイル	오일
2. オーケストラ	오케스트라
3. オープン	오픈
4. オフィス	오피스
5. オリエンテーション	오리엔테이션
6. オリンピック	올림픽
7. オンライン	온라인

숫자 세는 법 – ~台 기계, 자동차 수를 셀 때 쓰는 조수사

일본어	한국어 해석
1. 一台(いちだい)	한 대
2. 二台(にだい)	두 대
3. 三台(さんだい)	세 대
4. 四台(よんだい)	네 대
5. 五台(ごだい)	다섯 대
6. 六台(ろくだい)	여섯 대
7. 七台(ななだい)	일곱 대
8. 八台(はちだい)	여덟 대
9. 九台(きゅうだい)	아홉 대
10. 十台(じゅうだい)	열 대

쉬운 일본어 놀이

~まで　~까지

예) 中谷さん、東京駅までお願いします。

나카타니씨, 도쿄역까지 부탁합니다.

예) キムスミさん、ソウルから釜山まで時間はどのくらいがかりますか？

김수미씨, 서울에서 부산까지 시간은 어느 정도가 걸리나요?

꼭 필요한 조사 배우기

~けど　~하지만

예) 何度も言いましたけど、彼女はわからなかった。

몇 번을 이야기했지만, 그녀는 알지 못했다.

한일 문화 배우기 - 씨름과 스모

■ 씨름

씨름은 옛부터 내려오는 한국의 놀이문화이다. 모래판위에서 두 사람이 겨루어 상대를 먼저 땅에 넘어뜨려야 이기는 경기규칙이다.

■ 스모

스모는 일본의 국기로 상대방을 どひょう(흙으로 둘러놓은 경기장) 밖으로 밀어내거나 먼저 땅에 닿게 하면 승리하는 경기이다. 스모 선수들은 주로 영양가 높은 장코찌개(ちゃんこ鍋)를 먹으며 영양 및 체중관리를 한다.

쉬어가는 이야기

▶ **명함**(名刺 : めいし)

일본인들은 누군가를 만났을 때, 우선 명함을 꺼내서 상대방에게 건낸 후 자기소개를 하는 것이 일반적이다. 이 경우 상대방이 자기보다 연상인 경우 최대한 고개를 숙이며 예의를 갖추는 것이 일반적이지만, 연하인 경우도 상대방이 다소 무안함을 느낄 정도로 예의를 갖추는 모습을 흔히 볼 수 있다. 명함은 바로 자신의 존재를 상대방에게 가장 정확히 알리는 수단으로서 이용되고 있지만, 일본사회에서는 커뮤니케이션의 출발점으로 인식되고 있다.

▶ **쇼핑 매너**

가게에 들어서면 점원이 상냥하게 인사하면서 맞이하면 가볍게 목례 정도는 하고 물건을 보는 것이 예의이며, 점원에게 아무런 양해도 없이 물건을 이것저것 만져보는 것은 실례이다. 그리고 처음부터 살 의사가 없을 경우에는 그냥 구경만 한다고 양해를 구하며, 구경을 다하고 나올 때에도 실례 많았다고 인사를 한다.

야쿠도시와 토시이와이

■ 야쿠도시(やくどし : 厄年)

특정 연령을 재액이 많은 해라 여겨 특별히 근신한다.

※ 남자　25세, 42세, 61세

※ 여자　19세, 33세, 37세

■ 토시이와이(としいわい : 年祝い)

장수를 축하하는 의례이다.

※ 61세 환갑(還曆), 70세 고희(古稀), 77세 희수(稀寿), 80세 산수(傘寿), 88세 미수(米寿), 90세 졸수(卒寿), 99세 백수(白寿)

※ 지금은 백세시대로 평균 수명이 크게 늘면서 환갑은 축하연을 아예 하지도 않고, 고희도 생략하는 경우가 많다.

한자 익히기

한자	음독 / 훈독 및 용례
91. 笑 웃을 소	음 しょう　笑声(しょうせい) 웃음소리 훈 わら(う)　笑(わら)う 웃다
92. 音 소리 음	음 おん/いん　音楽(おんがく) 음악　子音(しいん) 자음 훈 おと　音(おと) 소리
93. 暗 어두울 암	음 あん　明暗(めいあん) 명암 훈 くら(い)　暗(くら)い 어둡다
94. 明 밝을 명	음 めい　説明(せつめい) 설명　発明(はつめい) 발명 훈 あか(るい)　明(あか)るい 밝다
95. 毎 매양 매	음 まい　毎日(まいにち) 매일　毎年(まいねん) 매년 훈
96. 海 바다 해	음 かい　海上(かいじょう) 해상　海洋(かいよう) 해양 훈 うみ　海(うみ) 바다　海辺(うみべ) 해변, 바닷가
97. 岸 언덕 안	음 がん　海岸(かいがん) 해안 훈 きし　岸(きし) 물가　川岸(かわぎし) 강기슭, 강변
98. 午 낮 오	음 ご　午前(ごぜん) 오전　午後(ごご) 오후 훈
99. 牛 소 우	음 ぎゅう　牛肉(ぎゅうにく) 쇠고기　牛乳(ぎゅうにゅう) 우유 훈 うし　牛(うし) 소　子牛(こうし) 송아지
100. 年 해/나이 년	음 ねん　新年(しんねん)신년　生年月日(せいねんがっぴ) 생년월일 훈 とし　年(とし) 해, 나이　毎年(まいとし) 매년

한자 연습하기

91. 笑						
92. 音						
93. 暗						
94. 明						
95. 每						
96. 海						
97. 岸						
98. 午						
99. 牛						
100. 年						

교토편

11과 교토 청수사

회화내용 나카타니씨와 김수미는 서로 추억의 장소인 교토 청수사에 대해서 이야기하고 있다.

中谷　キムスミさん、京都で思い浮かぶところはありますか？

キムスミ　はい、あります。10年前に友達と京都に行ったのですが、
清水寺から見下ろした京都の街並みが忘れられないです。
中谷さん、お願いがあります. 今日是非清水寺に連れて行ってください。
友達との思い出の場所なので…

中谷　私も幼い頃に行ったので、その頃を思い出しながら、
清水寺に行ってみましょうかね。

キムスミ　(笑いながら)はい、そうしましょう。

中谷　旅行は思い出を振り返ることができるのでいいですね。

キムスミ　そうですね。思い出はいつも心の中にありますからね。

▶ 교토 청수사

中谷　　김수미씨, 교토하면 떠오르는 곳이 있나요?

キムスミ　네, 있어요. 10년 전에 친구와 함께 교토에 가본 적이 있는데요.
청수사에서 내려다본 탁 트인 교토 시내 모습은 잊을 수가 없어요.
나카타니씨, 부탁이 있어요. 오늘 꼭 청수사에 데리고 가주세요.
친구와의 추억이 있는 곳이라…

中谷(なかたに)　　저도 어릴 적에 가 본 곳인데, 오늘 추억을 떠올리며 청수사를 가볼까요?

キムスミ　(웃으며) 네, 그러죠.

中谷(なかたに)　　여행은 추억을 돌이켜볼 수 있어 좋네요.

キムスミ　맞아요. 추억은 항상 가슴에 남아있어요.

단어

京都(きょうと) 교토	思(おも)い浮(う)かぶ 떠오르다	前(まえ)に 전에
一緒(いっしょ)に 함께	行(い)ったことがある 가본 적이 있다	
清水寺(きよみずでら) 청수사	見下(みお)ろす 내려다 본	お願(ねが)い 부탁
街並(まちな)み 시내에 집, 상점이 즐비하게 서 있는 모양		忘(わす)れられない 잊을 수가 없다
ある 있다	今日(きょう) 오늘	是非(ぜひ) 꼭
連(つ)れていく 데리고 가다	友達(ともだち) 친구	思(おも)い出(で) 추억
～ところ ~곳	私(わたし)も 저도	幼(おさな)い頃(ごろ) 어릴 적
行(い)ってみる 가보다	浮(う)かべる 떠올리다	はい 네
そうしましょう 그러죠	笑(わら)いながら 웃으며, 웃으면서	旅行(りょこう) 여행
～は ~은	振(ふ)り返(かえ) 돌이켜보다, 뒤돌아보다	
いつも 항상	心(こころ)に 가슴에	残(のこ)っている 남아있다

입국 관련 단어

일본어	한국어 해석
1. 空港(くうこう)	공항
2. 検疫(けんえき)	검역
3. 目的地(もくてきち)	목적지
4. ビザ	비자
5. 国籍(こくせき)	국적
6. 手続(てつづ)き	수속
7. 入国審査(にゅうこくしんさ)	입국심사
8. 外国人(がいこくじん)	외국인
9. 職業(しょくぎょう)	직업
10. 生年月日(せいねんがっぴ)	생년월일

외래어 표기법 – エ행

일본어	한국어 해석
1. エンジン	엔진
2. エメラルド	에메랄드
3. エリート	엘리트
4. エクセル	엑셀
5. エキスパート	엑스퍼트
6. エコロジー	이콜로지
7. エレガント	엘리건트
8. エステ	에스테
9. エピソード	에피소드
10. エプロン	앞치마

숫자 세는 법 – ~輪 ~송이 꽃을 셀 때 쓰는 조수사

일본어	한국어 해석
1. 一輪(いちりん)	한 송이
2. 二輪(にりん)	두 송이
3. 三輪(さんりん)	세 송이
4. 四輪(よんりん)	네 송이
5. 五輪(ごりん)	다섯 송이
6. 六輪(ろくりん)	여섯 송이
7. 七輪(ななりん)	일곱 송이
8. 八輪(はちりん)	여덟 송이
9. 九輪(きゅうりん)	아홉 송이
10. 十輪(じゅうりん)	열 송이

쉬운 일본어 놀이

~方向(ほうこう)	방향에 관한 표현
こちら	이쪽, 이편
そちら	그쪽, 그편
あちら	저쪽, 저편
どちら	어느 쪽, 어느 편

꼭 필요한 조사 배우기

~と　~와, ~과, ~라고, ~하면

예) 左方(ひだりほう)へ行(い)くとデパートが出(で)ます。

왼쪽으로 가면 백화점이 나옵니다.

예) 日本語(にほんご)で言(い)うと発音(はつおん)はどうなりますか？

일본어로 말하면 발음은 어떻게 되나요?

한일 문화 배우기 – 무궁화와 벚꽃

■ 무궁화(ムクゲ)

무궁화는 한국의 국화이다. 흰색, 연분홍, 연보라빛으로 은은하면서도 탐스러운 멋진 꽃이다.

■ 벚꽃(サクラ)

벚꽃은 일반적으로 일본을 상징하는 꽃으로 알려져 있지만, 국화(国花)는 아니다. 일본인들은 매년 벚꽃이 만발할 때는 벚꽃나무 아래서 가까운 사람들과 술과 음식을 즐기며 쉽게 지는 벚꽃을 만끽하며 아쉬워한다.

쉬어가는 이야기

▶ 여행 시 안내 표지판

- 신사용 : 男子用(단시요-)
- 여성용 : 婦人用(후진요-), 女子用(죠시요-)
- 비상구 : 非常口(히죠-구치)
- 입구 : 入口(이리구치)
- 출구 : 出口(데구치)
- 당기시오 : 押す(오스)
- 미시오 : 引く(히꾸)
- 멈추시오 : 止まれ(토마레)
- 개점 : 開店(카이뗑)
- 폐점 : 閉店(헤-뗑)
- 빌려줍니다.: 貸します(카시마스)
- 금연 : 禁煙(킹엥)
- 들어가지 마라 : 入るな(하이루나)
- 출입금지 : 立入禁止(타치이리 킨시)
- 입장금지 : 入場禁止(뉴 죠- 킨시)
- 주차금지 : 駐車禁止(츄-사 킨시), 止めるな(토메루나)
- 촬영금지 : 撮影禁止(사츠에-킨시)
- 안내소 : 案内所(안나이죠-)
- 매표소 : 切符賣り場(깁뿌 우리바)
- 사용 중 : 使用中(시요-츄-)
- 만지지 말 것 : 觸るな(사와루나)
- 위험 : 危險(키켕)
- 페인트 주의 : ペンキ ぬりたて(펭키 누리따떼)
- 매절 : 賣り切れ(우리키레)
- 파출소 : 交番(코- 방)

한자 익히기

한자	음독 / 훈독 및 용례
101. 前 앞 전	음 ぜん　午前(ごぜん) 오전　前後(ぜんご) 전후 훈 まえ　前(まえ) 앞　名前(なまえ) 이름
102. 後 뒤 후	음 ご/こう　午後(ごご) 오후　後悔(こうかい) 후회 훈 うしろ/あと/のち　後(うし)ろ 뒤　後(あと)나중, 후 後程(のちほど) 나중에
103. 以 써 이	음 い　以上(いじょう) 이상　以前(いぜん) 이전 훈
104. 似 닮을 사	음 じ　類似(るいじ) 유사 훈 に(る)　似(に)る 닮다, 비슷하다
105. 半 절반 반	음 はん　半額(はんがく) 반액　半日(はんにち) 반나절 훈 なか(ば) 半(なか) ば 절반, 반
106. 平 평평할 평	음 へい/びょう　平均(へいきん) 평균　平等(びょうどう) 평등 훈 たい(ら)/ひら　平(たい)ら 평평함　平社員(ひらしゃいん) 평사원
107. 来 올 래	음 らい　外来語(がいらいご)외래어 훈 く(る)/きた(る) 来(く)る 오다　来(きた)る 오는(오는 10일에)
108. 行 갈/행할 행	음 こう/ぎょう/あん　銀行(ぎんこう) 은행　行列(ぎょうれつ) 행렬 훈 い(く)/おこな(う) 行(い)く 가다　行(おこな)う 행하다
109. 米 쌀 미	음 べい/まい　米国(べいこく) 미국　白米(はくまい) 백미, 흰쌀 훈 こめ　米屋(こめや) 쌀가게
110. 番 차례 번	음 ばん　当番(とうばん) 당번 훈 つが(う)/つがい　番(つが)う 짝이 되다, 교미(交尾)하다 番(つがい) 한 쌍, 부부

한자 연습하기

101. 前						
102. 後						
103. 以						
104. 似						
105. 半						
106. 平						
107. 来						
108. 行						
109. 米						
110. 番						

고베편

12과 고베 ucc 커피 박물관(コーヒー博物館(はくぶつかん))

회화내용　나카타니씨와 김수미는 고베 ucc 커피 박물관에서 이벤트에 참가하고 있다.

中谷(なかたに)　おはようございます。キムさん！

キムスミ　はい、おはようございます。

中谷(なかたに)　キムスミさんがコーヒーを好(す)きと言(い)っていたのでuccコーヒー博物館(はくぶつかん)で会(あ)うことにしました。

キムスミ　はい、とても好(す)きです。

中谷(なかたに)　ここは日本(にほん)で唯一(ゆいいつ)のコーヒー博物館(はくぶつかん)です。

キムスミ　そうなんですね。意味(いみ)があるところですね。

(박물관 내를 둘러보던 중 두 사람은 커피 로스팅 체험을 보게 된다)

うわぁ、中谷さん、私(わたし)たちもイベントに参加(さんか)しましょう。

中谷(なかたに)　はい、オリジナルコーヒーが作(つく)れるロースティングを体験(たいけん)できるイベントですね。

キムスミ　参加費(さんかひ)はいくらですか？

中谷(なかたに)　一人当(ひとりあ)たり1000円(えん)です。

キムスミ　中谷さん、参加費(さんかひ)は私(わたし)が払(はら)いますね。

中谷(なかたに)　本当(ほんとう)ですか？ありがとうございます。

キムスミ　すみません。2000円(えん)です。

▶ ucc 커피 박물관 내 모습

▶ 로스팅 체험

中谷(なかたに)　좋은 아침입니다. 김상!

キムスミ　네, 좋은 아침입니다.

中谷(なかたに)　김수미씨가 커피를 좋아한다고 말해서 ucc 커피 박물관에서 만나는 걸로 했어요.

キムスミ　네, 매우 좋아합니다.

中谷(なかたに)　이곳은 일본에서 유일한 커피 박물관입니다.

キムスミ　그렇군요. 의미가 있는 곳이네요.
우와　나카타니씨 우리 이벤트에 참가해요.

中谷(なかたに)　아, 오리지널 커피를 만들 수 있는 로스팅을 체험할 수 있는 기회네요.

キムスミ　참가비는 얼마인가요?

中谷(なかたに)　1인당 1000엔이네요.

キムスミ　나카타니씨 제가 참가비는 내겠습니다.

中谷(なかたに)　정말요, 감사합니다.

キムスミ　여기요, 2000엔입니다.

단어

おはようございます 좋은 아침입니다		コーヒー 커피
好(す)きです 좋아합니다	イベント 이벤트	参加(さんか) 참가
博物館(はくぶつかん) 박물관	～で ~에서	はい 네
とても 매우	ここは 이곳은	唯一(ゆいいつ)の 유일한
～です ~입니다	意味(いみ)がある 의미가 있다	作(つく)れることができる 만들 수 있는
ロースティング 로스팅	機会(きかい) 기회	私(わたし)だけの 나만의
参加費(さんかひ) 참가비	いくら 얼마	一人当(ひとりあ)たり ~인당
～払(はら)う ~지불하다	本当(ほんとう)に 정말	すみません 여기요

환전 관련 단어

일본어	한국어 해석
1. 外貨(がいか)	외화
2. 送金(そうきん)	송금
3. 手数料(てすうりょう)	수수료
4. トラベラーズチェック	여행자수표
5. お札(さつ)	지폐
6. 身分証明書(みぶんしょうめいしょ)	신분증
7. ドル	달러
8. 為替(かわせ)レート	환율
9. 両替所(りょうがえじょ)	환전소
10. 銀行(ぎんこう)	은행

외래어 표기법 – カ행

일본어	한국어 해석
1. カウンター	카운터
2. カクテル	칵테일
3. カジノ	카지노
4. カステラ	카스테라
5. カタログ	카다로그
6. カーテン	카텐
7. カルシウム	칼슘
8. カロリー	칼로리
9. カウンセラー	카운셀라
10. カジュアル	캐쥬얼

숫자 세는 법 – ~店 ~점 상점 수를 셀 때 쓰는 조수사

일본어	한국어 해석
1. 一店(いってん)	한 가게
2. 二店(にてん)	두 가게
3. 三店(さんてん)	세 가게
4. 四店(よんてん)	네 가게
5. 五店(ごてん)	다섯 가게
6. 六店(ろくてん)	여섯 가게
7. 七店(ななてん)	일곱 가게
8. 八店(はちてん)	여덟 가게
9. 九店(きゅうてん)	아홉 가게
10. 十店(じゅうてん)	열 가게

쉬운 일본어 놀이

~らしい　~인 것 같다

예) 日本(にほん)は署(あつ)いらしいです。

일본은 더운 것 같습니다.

예) きのうは雪(ゆき)が降(ふ)ったらしいです。

어제는 눈이 온 것 같습니다.

예) そうらしいです。

그런 것 같습니다.

꼭 필요한 조사 배우기

~に　~에(시간, 장소), ~에게(대상)

예) 教室(きょうしつ)にあります。

교실에 있습니다.

예) 中谷さんにあります。

나카타니상에게 있습니다.

예) 二階(にかい)にあります。

2층에 있습니다.

한일 문화 배우기 - 불고기와 스키야키

■ 불고기

불고기는 한국 사람들이 좋아하는 대표 한식으로 두껍지 않은 쇠고기를 간장양념을 베이스로 하여 맵지 않게 즐길 수 있는 요리이다. 한국을 방문한 외국인들이 많이 찾는 음식이기도 하다. 광양불고기, 언양불고기, 육수 불고기 등 국물의 정도에 따른 다양한 불고기의 종류가 있다.

■ 스키야키(すきやき)

스키야키는 간장, 설탕의 양념에 소고기, 버섯, 대파, 두부, 배추, 곤약 등을 넣은 쇠고기 전골요리이다. 고기가 어느 정도 익으면 달걀에 찍어먹는다. 지역마다 전골에 넣는 재료가 조금씩 차이가 있다.

한자 익히기

한자	음독 / 훈독 및 용례
111. 号 부르짖을 호	음 ごう　信号(しんごう) 신호　番号(ばんごう) 번호 훈
112. 数 셈할 수	음 すう/す　数学(すうがく) 수학　数寄屋(すきや), 茶屋 다실 훈 かず/かぞ(える)　数(かず) 수　数(かぞ)える 셈하다
113. 王 임금 왕	음 おう　王様(おうさま) 임금님　国王(こくおう) 국왕 훈
114. 玉 구슬 옥	음 ぎょく　玉石(ぎょくせき) 옥석 훈 たま　玉(たま) 옥
115. 国 나라 국	음 こく　韓国(かんこく) 한국 훈 くに　国(くに) 나라
116. 回 돌아올 회	음 かい/え　回転(かいてん) 회전　回心(えしん) 회심 훈 まわ(る)/まわ(す) 回(まわ) る 돌다　回(まわ)す 돌리다
117. 方 모 방	음 ほう　方向(ほうこう) 방향 훈 かた　方(かた) 분
118. 向 향할 향	음 こう　傾向(けいこう) 경향 훈 む(く)/む(ける)/む(こう)　向(む)く 향하다 向(む)ける 향하게 하다　向(む)こう 맞은 편
119. 言 말씀 언	음 げん/ごん　言語(げんご) 언어　遺言(ゆいごん) 유언 훈 い(う)/こと　言(い)う 말하다　言葉(ことば) 말, 언어
120. 舌 혀 설	음 ぜつ　口舌(こうぜつ) 구설 훈 した　舌(した) 혀

한자 연습하기

111. 号						
112. 数						
113. 王						
114. 玉						
115. 国						
116. 回						
117. 方						
118. 向						
119. 言						
120. 舌						

13과 고베 아리마 온천(有馬温泉)

회화내용　나카타니씨와 김수미는 일본의 3대 온천 중의 한 곳인 아리마 온천을 즐기고 있다.

キムスミ　中谷さん、旅行の疲れを取るには温泉が最高です。

中谷　はい、ここの温泉は鉄粉を含んでいるので健康にもよいです。

キムスミ　それで色が茶色なんですか？

中谷　はい、そうです。温泉の名前は金泉です。観光客が手軽に楽しむことができる足湯もあります。

キムスミ　他の温泉も経験したいです。

中谷　そうしましょうか？ 私も久しぶりに温泉でゆっくりしたいです。

▶ 고베 아리마 온천

キムスミ　나카타니씨, 여행의 피로를 푸는 데는 온천이 최고네요.

中谷(なかたに)　네, 이곳의 온천은 철분 등을 함유하고 있어 건강에도 좋습니다.

キムスミ　그래서, 색깔이 갈색인가요?

中谷(なかたに)　그래요. 온천탕의 이름은 금천이라고 합니다. 관광객들이 쉽게 즐길 수 있도록 족욕탕도 있어요.

キムスミ　좀 더 다양한 온천탕도 경험해 보고 싶습니다.

中谷(なかたに)　그럴까요? 저도 오랜만에 온천에서 천천히 쉬고 싶습니다.

단어

旅行(りょこう) 여행	**〜の** 〜의	**疲れを取る**(つかれをとる) 피로를 풀다
温泉(おんせん) 온천, 온천탕	**最高**(さいこう) 최고	**鉄粉**(てっぷん) 철분
含む(ふくむ) 함유	**健康**(けんこう) 건강	**〜にも** 〜에도
色(いろ) 색깔	**茶色**(ちゃいろ) 갈색	**名前**(なまえ) 이름
観光客(かんこうきゃく) 관광객	**手軽に**(てがるに) 쉽게	**楽しむ**(たのしむ) 즐기다
足湯(あしゆ) 족욕탕	**もっと** 좀 더	**経験する**(けいけんする) 경험하다
久しぶりに(ひさしぶりに) 오랜만에	**他の**(ほかの) 다른	**ゆっくり** 천천히
〜したい 〜하고 싶다		

때 관련 단어

일본어	한국어 해석
1. 急に(きゅうに)	갑자기
2. あとで	나중에
3. ときどき	때때로
4. たまに	가끔
5. いつ	언제
6. すぐ	곧
7. さっき	아까
8. いつか	언젠가
9. 久しぶり(ひさしぶり)	오래간만
10. しばしば	자주

외래어 표기법 – ク행

일본어	한국어 해석
1. クイズ	퀴즈
2. クラシック	클래식
3. クラス	클래스
4. クリーニング	크리닝
5. クリーム	크림
6. クレーン	크레인
7. グループ	그룹
8. クーラー	쿨러
9. グレー	그레이
10. グラス	글라스

숫자 세는 법 – ~編　~편　책의 수를 셀 때 쓰는 조수사

일본어	한국어 해석
1. 一編(いっぺん)	한 편
2. 二編(にへん)	두 편
3. 三編(さんへん)	세 편
4. 四編(よんへん)	네 편
5. 五編(ごへん)	다섯 편
6. 六編(ろくへん)	여섯 편
7. 七編(ななへん)	일곱 편
8. 八編(はちへん)	여덟 편
9. 九編(きゅうへん)	아홉 편
10. 十編(じゅうへん)	열 편

쉬운 일본어 놀이

~いっぱい　~가득

예) 教室(きょうしつ)は学生(がくせい)でいっぱいです。

교실은 학생들로 가득 차 있습니다.

예) 駐車場(ちゅうしゃじょう)は車(くるま)でいっぱいです。

주차장은 차로 가득 차 있습니다.

예) 動物園(どうぶつえん)は子供(こども)でいっぱいです。

동물원은 아이들로 가득 차 있습니다.

꼭 필요한 조사 배우기

~で　~에서(장소), ~로(수단, 방법)

예) 韓国語(かんこくご)で話(はな)します。

한국어로 말합니다.

예) ボールペンで書(か)きます。

볼펜으로 씁니다.

한일 문화 배우기 - 냉면과 소바

■ 냉면

한국 사람들은 냉면을 더운 여름에 시원하게 먹을 수 있는 음식으로 선호한다. 종류로는 매콤하게 먹을 수 있는 비빔냉면과 육수가 맛있는 물냉면 그리고 면의 원료에 따라 크게 메밀이 많이 함유된 평양냉면, 고구마 전분이 많이 함유된 함흥냉면으로 나뉜다.

■ 소바

소바는 일본 사람들이 한 여름에 차갑게 먹는 면 음식으로 원료는 메밀이 주원료이다. 면을 차갑게 하여 일본식 간장 국물인 츠유(つゆ)에 찍어 먹는다.

쉬어가는 이야기

▶ **사쿠라**(さくら : 櫻)

사쿠라는 일본을 대표하는 꽃으로 벚꽃을 말하나 일본의 국화(國花 : こっか)는 아니다. 일본인이 가장 좋아하는 꽃이라 흔히 國花로 알고 있으나 실제 일본은 國花가 없다.

일본의 옛 속담에 "꽃은 벚꽃이요, 사람은 무사다"(花は櫻, 人は武士)라는 말이 있다. 이것은 벚꽃이 망설임 없이 순간적으로 지는 것을, 죽음 앞에 망설이거나 두려워하지 않는 사무라이의 기질로 빗대어 표현한 것이다.

사쿠라가 4월에 피는 것은 곧 봄이 옴을 알려주는 것으로 새로운 시작을 의미하기 때문에 일본인에게 사쿠라가 널리 사랑받는 이유이기도 하다. 그래서 일본은 신학기나 회사의 회계연도를 4월에 시작하고 이때는 하나미(はなみ : 花見)인 벚꽃놀이를 즐기기도 한다.

▶ 일본을 움직이게 하는 것은 무엇인가?

첫째 : 단체의 소속성, 협동심을 중시한다.
둘째 : 단체 안의 확연한 역할 분담성이 강하다.
셋째 : 단체의 공존성이다.
넷째 : 국익 우선과 자부심이 강하다.
다섯째 : 나, 개인(私)보다는 공(公), 집단, 조직을 중시한다.

한자 익히기

한자	음독 / 훈독 및 용례
121. 話 이야기 화	음 わ　対話(たいわ) 대화　会話(かいわ) 회화 훈 はな(す)　話(はな)す 말하다
122. 活 살 활	음 かつ　活動(かつどう) 활동　活用(かつよう) 활용 훈
123. 語 말씀 어	음 ご　言語(げんご) 언어　用語(ようご) 용어 훈 かた(る)/かた(ら)う　語(かた)る 말하다 語(かた)らう 말을 주고받다
124. 士 선비 사	음 し　兵士(へいし) 병사　武士(ぶし) 무사 훈
125. 仕 섬길 사	음 し/じ　仕事(しごと) 일　給仕(きゅうじ) 급사, 사환 훈 つか(える)　仕(つか) える 시중들다, 섬기다

한자	음독 / 훈독 및 용례
126. 事 일 사	음 じ/ず　火事(かじ) 화재　好事家(こうずか) 호사가 훈 こと　事(こと) 일, 사실
127. 声 소리 성	음 せい/しょう　声楽(せいがく) 성악 大音声(だいおんじょう) 우렁찬 목소리 훈 こえ/こわ　声(こえ)목소리　声色(こわいろ)목소리, 음색
128. 売 팔 매	음 ばい　発売(はつばい) 발매 훈 う(る)/う(れる)　売(う)る 팔다　売(う)れる 팔리다
129. 読 읽을 독	음 どく/とく/とう　読書(どくしょ) 독서　読本(とくほん) 독본 句読点(くとうてん) 구두점 훈 よ(む)　読(よ)む 읽다
130. 貝 조개 패	음 훈 かい　貝(かい) 조개　貝殻(かいがら) 조개껍질

한자 연습하기

121. 話						
122. 活						
123. 語						
124. 士						
125. 仕						
126. 事						
127. 声						
128. 売						
129. 読						
130. 貝						

나카사키편

14과 나카사키 하우스텐보(ハウステンボ)

회화내용　나카타니씨와 김수미는 일본의 작은 유럽 하우스텐보에서 아름다운 꽃을 보며 즐거워하고 있다.

キムスミ　中谷さん、たくさんの花(はな)に囲(かこ)まれて気分(きぶん)がとてもよいです。

中谷(なかたに)　はい、今日(きょう)は天気(てんき)もよくて、花(はな)を見(み)ながら散歩(さんぽ)ができていいですね。

キムスミ　私は、華(はな)やかな赤色(あかいろ)のチューリップが特(とく)に好(す)きです。

中谷(なかたに)　この道(みち)を抜(ぬ)けるとチューリップがありますよ。

キムスミ　あ、あそこに見(み)えます。

中谷(なかたに)　キムスミ さん、夕方(ゆうがた)はライトアップされてもっときれいです。

キムスミ　うわ、夕方(ゆうがた)まで居(い)たいです。

▶ 나카사키 하우스텐보

キムスミ	나카타니씨, 수많은 꽃들에 둘러싸여 있으니, 기분이 너무 좋습니다.
中谷(なかたに)	네, 오늘은 날씨도 화창해 꽃을 보며 산책을 할 수 있어 좋네요.
キムスミ	저는 화사한 빨간색의 튤립꽃을 특히 좋아합니다.
中谷(なかたに)	이 길을 지나가면 튤립꽃이 있습니다.
キムスミ	아, 저기 보이네요.
中谷(なかたに)	김수미씨, 저녁에는 아름다운 불빛들로 더욱 아름답습니다.
キムスミ	아, 저녁까지 있고 싶습니다.

단어

たくさん 많은	花(はな) 꽃	囲(かこ)まれる 둘러싸이다
気分(きぶん) 기분	とても 너무	よい 좋다
今日(きょう)は 오늘은	天気(てんき) 날씨	～も ~도
見(み)ながら 보면서	散歩(さんぽ) 산책	赤色(あかいろ) 빨강색
華(はな)やかな 화사한	特(とく)に 특히	道(みち) 길
ある 있다	ライトアップ 라이트업(조명)	きれいだ 아름답다, 예쁘다
抜(ぬ)けると 지나면	あそこ 저기	見(み)える 보이다

夕方(ゆうかた) 저녁	~まで ~까지	~居(い)たい ~있고 싶다

세관검사, 수화물 관련 단어

일본어	한국어 해석
1. 税関審査(ぜいかんしんさ)	세관검사
2. 税関申告書(ぜいかんしんこくしょ)	세관신고서
3. 関税(かんぜい)	관세
4. 税金(ぜいきん)	세금
5. 持(も)ち込(こ)み禁止品(きんしひん)	반입금지품
6. 保管所(ほかんしょ)	보관소
7. 荷物(にもつ)	짐
8. トランク	트렁크
9. 手荷物(てにもつ)一時預(いちじあず)かり所(しょ)	수화물 임시보관소
10. カート	카트

외래어 표기법 - コ행

일본어	한국어 해석
1. コミュニケーション	커뮤니케이션
2. コンサート	콘서트
3. コンビニエンスストア	편의점
4. コラム	칼럼
5. コンテスト	콘테스트
6. コンテンツ	콘텐츠
7. コーディネート	코디네이터
8. コスモス	코스모스
9. コブラ	코브라
10. コメディアン	코미디언

숫자 세는 법 - ~件 ~건 사건, 사고 수를 셀 때 쓰는 조수사

일본어	한국어 해석
1. 一件(いっけん)	한 건
2. 二件(にけん)	두 건
3. 三件(さんけん)	세 건
4. 四件(よんけん)	네 건
5. 五件(ごけん)	다섯 건
6. 六件(ろくけん)	여섯 건
7. 七件(ななけん)	일곱 건
8. 八件(はちけん)	여덟 건
9. 九件(きゅうけん)	아홉 건
10. 十件(じゅうけん)	열 건

쉬운 일본어 놀이

~後(あと) ~나중에

예) 後(あと)で買(か)います。

나중에 사겠습니다.

예) 後(あと)で食(た)べます。

나중에 먹겠습니다.

예) 後(あと)で行(い)きます。

나중에 가겠습니다.

꼭 필요한 조사 배우기

~ば ~하면

예) 雨(あめ)が降(ふ)れば寒(さむ)くなるでしょう。

비가 오면 추워지겠죠.

한일 문화 배우기 – KTX와 신칸센

■ KTX

KTX는 2004년에 우리나라에 처음 도입된 고속철도로 최고 속도는 300km이다. 노선으로는 경부선, 호남선, 경전선, 전라선이 있으며 일본에 비해 저렴한 요금으로 이용할 수 있다.

■ 신칸센

신칸센은 1964년에 도쿄 올림픽에 맞추어서 개통된 일본의 고속철도이다. 정확한 출발, 도착시각 및 안전성으로 유명하다. 지역에 따라 도카이도, 산요, 도호쿠, 야마가타, 아키타, 조에쓰, 규슈, 홋카이도선과 최근에 나가노와 가나자와를 연결하는 호쿠리쿠선까지 개통되어 지역 간 이동이 더욱 편리해졌다. 계속적인 기술발전으로 오사카에서 도쿄까지 이동시간을 2시간 30분으로 단축하였으나 이용요금이 일본 국내선 항공료와 비슷하다.

쉬어가는 이야기

▶ 「～さん」과 「～さま(様)」

• **～さん**

현대에 가장 표준적인 호칭으로, 남녀 구별 없이 이름, 직업명에 붙여, 친밀감이나 가벼운 존경의 뜻을 나타낸다. 그러나 자기 가족의 이름, 직장에서 상사를 부를 때는 붙이지 않는다.

예) おまわりさん(경찰관), おとうさん(남의 아버지)
おかあさん(남의 어머니), おじょうさん(따님)
たなかさん(타나까 씨)

※ 단, 선생님은 せんせいさん이 아니고 그냥 せんせい이다.

- **~さま(様)**

~さん보다 훨씬 정중하고 격식을 갖춘 말이다. 따라서 호텔에서 손님의 이름 및 손님과 관련된 사람들을 가리킬 때는 ~さま(様)라고 부른다. 반대로, 자기 쪽에 가까운 사람을 남에게 말할 때는 ~さま(様)나 ~さん을 붙이지 않는다.

예) • 손님의 가족을 가리킬 때 : お父様(おとうさま), お母様(おかあさま)
• 자기 호텔 상사의 이름을 손님에게 말할 때 : たなか支配人(しはいにん), すずき課長(かちょう)

한자 익히기

한자	음독 / 훈독 및 용례
131. 員 인원 원	음 いん　店員(てんいん) 점원　銀行員(ぎんこういん) 은행원 훈
132. 買 살 매	음 ばい　売買(ばいばい) 매매　購買(こうばい) 구매 훈 か(う) 買(か)う 사다　買(か)い物(もの) 쇼핑, 장보기
133. 天 하늘 천	음 てん　天気(てんき) 날씨　天才(てんさい) 천재 훈 あま　天(あま)の川(がわ) 은하수
134. 穴 구멍 혈	음 훈 あな　穴(あな) 구멍
135. 工 장인 공	음 こう/く　工場(こうじょう) 공장　工夫(くふう) 궁리, 고안 훈

한자	음독 / 훈독 및 용례
136. 空 빌 공	음 くう　空気(くうき) 공기　空中(くうちゅう) 공중 훈 そら/あ(く)/あ(ける)　空(そら) 하늘　空(あ)く 비다 空(あ)ける 비우다
137. 気 기운 기	음 き/け　人気(にんき) 인기　気配(けはい) 기척, 기색 훈
138. 汽 물끓는 김 기	음 き　汽車(きしゃ) 기차　汽船(きせん) 기선 훈
139. 車 수레 차	음 しゃ　自動車(じどうしゃ) 자동차　自転車(じてんしゃ) 자전거 훈 くるま 車(くるま) 자동차　車椅子(くるまいす) 휠체어
140. 東 동녘 동	음 とう　東京(とうきょう) 동경　東洋(とうよう) 동양 훈 ひがし 東側(ひがしがわ) 동쪽

한자 연습하기

131. 員						
132. 買						
133. 天						
134. 穴						
135. 工						
136. 空						
137. 気						
138. 汽						
139. 車						
140. 東						

주고쿠편

15과 돗토리 사구(鳥取砂丘)

회화내용 나카타니씨와 김수미는 돗토리현에 있는 사구를 걷고 있다.

中谷 キムさん、ここは鳥取砂丘です。

キムスミ 砂が壁のように高いですね。

中谷 長靴を履けば登りやすいです。上まで行けば素晴らしい景色を見ることができますよ。

(사구를 오른 두 사람은 높은 곳에서 아래를 바라보고 있다)

キムスミ 世界中が砂粒で壮観です。

中谷 この光景はすばらしいですね。キムさん、あそこでラクダを乗っている人を見てください。

キムスミ 本当に砂漠に来たような気分になりますね。

▶ 돗토리 사구

中谷（なかたに）　김상, 이곳은 돗토리 사구입니다.

キムスミ　모래가 벽처럼 높네요.

中谷（なかたに）　장화를 신으면 오르기 쉽습니다. 위에까지 가면 멋진 경치를 볼 수 있어요.

(사구를 오른 두 사람은 높은 곳에서 아래를 바라보고 있다)

キムスミ　온 세상이 모래알로 장관이네요.

中谷（なかたに）　이 경치는 멋지네요. 김상, 저기 낙타를 탄 사람 좀 보세요.

キムスミ　정말 사막에 온 듯한 기분이네요.

단어

砂丘(さきゅう) 사구	砂(すな) 모래	壁(かべ) 벽
高(たか)い 높다	長靴(ながぐつ) 장화	～を ~를
～よう ~형태, 모습	履(は)く 신다	登(のぼ)る 오르다
やすい 쉽다	素晴(すば)らしい景色(けしき) 멋진 경치	見(み)ることができる 볼 수 있다
本当(ほんとう)に 정말로	世界中(せかいじゅう)が 온 세상이	砂粒(すなつぶ) 모래알
～に ~로	壮観(そうかん) 장관	あそこ 저기
ラクダ 낙타	乗(の)る 타다	砂漠(さばく) 사막
来(き)たような 온 듯한	気分(きぶん) 기분	

교통수단 관련 단어

일본어	한국어 해석
1. 国際運転免許証(こくさいうんてんめんきょしょう)	국제운전면허증
2. 汽車(きしゃ)	기차
3. 乗(の)り換(か)え	갈아타다
4. 急行列車(きゅうこうれっしゃ)	급행열차
5. バス乗(の)り場(ば)	버스타는곳
6. 新幹線(しんかんせん)	신칸센
7. 延着(えんちゃく)	연착
8. 船(ふね)	배
9. 発車(はっしゃ)	발차
10. 切符(きっぷ)売(う)り場(ば)	매표소
11. 市内(しない)バス	시내버스
12. 乗(の)る	(~교통편) ~타다
13. 降(お)りる	(~교통편) ~내리다

외래어 표기법 – サ행

일본어	한국어 해석
1. サイクル	사이클
2. サラダ	샐러드
3. サラリーマン	샐러리맨
4. サンダル	샌들
5. サンドイッチ	샌드위치
6. サンプル	샘플
7. サイン	사인, 서명
8. サイレン	사이렌
9. サービス	서비스
10. サンキュー	생큐, 감사합니다

숫자 세는 법 – ~丁(ちょう) ~자루(가위, 총 등을 셀 때 쓰는 조수사)

일본어	한국어 해석
1. 一丁(いっちょう)	한 자루
2. 二丁(にちょう)	두 자루
3. 三丁(さんちょう)	세 자루
4. 四丁(よんちょう)	네 자루
5. 五丁(ごちょう)	다섯 자루
6. 六丁(ろくちょう)	여섯 자루
7. 七丁(ななちょう)	일곱 자루
8. 八丁(はっちょう)	여덟 자루
9. 九丁(きゅうちょう)	아홉 자루
10. 十丁(じゅうちょう)	열 자루

쉬운 일본어 놀이

~たい　~하고 싶다

예) したい。 하고 싶다.

예) きたい。 오고 싶다.

예) ならいたい。 배우고 싶다.

예) みがきたい。 닦고 싶다.

꼭 필요한 조사 배우기

~でも　~라도, ~이든지

예) お茶(ちゃ)でも飲(の)みながら話(はなし)しましょう。

차라도 마시면서 이야기합시다.

한일 문화 배우기 - 목욕문화

■ 한국

한국 사람들은 집에서 매일 샤워를 하고 가끔 목욕탕을 이용해 때를 밀어 몸을 청결하게 한다.

■ 일본

일본 사람들은 그날의 피로를 따뜻한 목욕물로 푼다. 한 번 받은 목욕물은 버리지 않고 식구들이 순서대로 사용하므로 몸을 깨끗하게 샤워한 후에 목욕을 한다.

<u>쉬어가는 이야기</u>

▶ **일본 일상 문화** Ⅰ

- 결혼하면 아내가 남편의 성을 따른다.(부부가 동성이다)
- 사촌 간 결혼이 가능하다.
- 도장에 성만 새겨 즉시 구입이 가능하다.
- 결혼식은 초청장 받은 사람만 참석이 가능하다.(참석여부 확인 후)
- 가정에서 목욕 시 욕조물을 가족이 공동 사용한다.(한 사람하고 버리지 않고)

- 술 마실 때 첨잔을 한다.
- 더치페이가 생활화되어 있다.
- 음식을 먹을 때 기본적으로 젓가락만 사용하며 그릇을 들고 먹는다.(필요시 예외)
- 반찬을 추가로 주지 않는다.(필요시 돈내고 따로 시켜야 함)

▶ **한국의 경우**

- 결혼 시 아내는 본래의 성을 유지한다.(부부 별성)
- 팔촌 이상만 결혼이 가능하다.
- 도장 새길 시 성과 이름 함께 새긴다.(도장을 맞추어야 한다)
- 결혼식 때 초청장 받을 시 참석여부 회신에 관계없이 참석 가능하다.
- 욕조 사용 시 다음 사람을 위해 욕조 물을 비운다.
- 술 마실 때 첨잔을 하지 않는다.
- 더치페이가 생활화되어 있지 않다.(각자 내면 이기적이고 정이 없다고 느낀다)
- 숟가락과 젓가락을 동시에 사용하며 그릇은 식탁위에 놓고 먹는다.
- 반찬을 추가로 준다.

한자 익히기

한자	음독 / 훈독 및 용례
141. 京 서울 경	음 きょう　京都(きょうと) 교토　東京(とうきょう) 도쿄 훈
142. 西 서녘 서	음 せい/さい　西洋人(せいようじん) 서양인　関西(かんさい) 관서(일본지형) 훈 にし　西側(にしがわ) 서쪽
143. 南 남녘 남	음 なん/な　東南(とうなん) 동남　南国(なんごく) 남쪽, 남쪽나라 훈 みなみ　南(みなみ)の方(ほう) 남쪽

한자	음독 / 훈독 및 용례
144. 北 북녘 북	음 ほく/ほっ　東北(とうほく) 동북　北海道(ほっかいどう) 홋카이도 훈 きた　北半球(きたはんきゅう) 북반구　北側(きたがわ) 북쪽
145. 比 견줄 비	음 ひ　比較(ひかく) 비교　比例(ひれい) 비례 훈 くら(べる) 比(くら)べる 비교하다
146. 色 빛 색	음 しょく/しき　特色(とくしょく) 특색　景色(けしき) 경치 훈 いろ　色(いろ) 색　顔色(かおいろ) 얼굴빛, 안색
147. 茶 차 다	음 ちゃ/さ　紅茶(こうちゃ) 홍차　茶道(さどう) 다도 훈
148. 赤 붉을 적	음 せき/しゃく 赤十字(せきじゅうじ) 적십자　赤銅(しゃくどう) 적동 훈 あか(い)　赤(あか)い 빨갛다
149. 青 푸를 청	음 せい/しょう　青年(せいねん) 청년　群青(ぐんじょう) 군청색 훈 あお(い)　青(あお)い 파랗다　青色(あおいろ) 푸른색
150. 晴 맑을 청	음 せい　快晴(かいせい) 쾌청　晴天(せいてん) 맑은 (푸른) 하늘 훈 は(れる) 晴(は)れる (하늘이) 개다

한자 연습하기

141. 京						
142. 西						
143. 南						
144. 北						
145. 比						
146. 色						
147. 茶						
148. 赤						
149. 青						
150. 晴						

서비스와 호스피탈리티(Service & Hospitality)

얼마 전 세미나가 있어 일본 오사까 근교의 중간급 호텔에 잠시 머문 적이 있다. 세미나가 끝나는 마지막 날 참석자들과 이별의 정을 나누느라 늦게까지 이야기꽃을 피우고 있었다. 다음날 아침에 조금 늦게 일어나 조식 뷔페 식당에 가니 9시가 조금 넘었다.
입구에서 종업원이 시간이 이미 끝났다고 못 들어가게 해서 시간을 보니 9시 10분이었다. 팻말에는 아침 6시~9시로 적혀있었다. 10분 늦었다. 하지만 음식은 그대로 상위에 놓여 있었다. 어떻게 안 되겠냐고 하니 종업원은 이미 시간이 지나 안 된다고 하면서 음식을 하나씩 거두기 시작했다. 내가 늦게 갔으니까 누구 원망할 수도 없고 해서 발걸음을 돌리는데 왠지 모르게 마음이 찜찜하였다. 종업원은 규정대로 했으니까 잘못한 것은 없고 잘못이라면 늦게 간 나한테 있는데도 음식을 앞에 두고 나오려고 하니 영 마음이 안 좋았다.
"에이 조금만 양해해 주면 먹을 수도 있는데"하고 아쉬워하며 돌아서 몇 발짝 옮기는데 "손님"하고 부르는 소리가 들렸다. 돌아보니 식당 관리하는 사람이 손짓으로 와서 먹으라고 하였다. 어찌나 고마운지. 그 시간에 한국에서도 아침식사 하는 데가 별로 없는데… 종업원이 치우는 중에 커피, 샌드위치, 계란 프라이 등을 얼른 먹고 고맙다고 인사를 하였으나 관리인은 별거 아니라고 웃으면서 하는 일을 계속하고 있었다. 그 때 불현듯 머릿속에 스치는 것이 하나 있었다. 교과서에만 배우는 호스피탈리티가 바로 이런 것이구나 하는 느낌이 들었다. 관리인이 나한테 뭐를 바라겠냐 단지 조금만 호의를 베풀었을 뿐인데. 그런데 받는 상대방은 상당히 고마움을 느끼니 말이다. 방금 전 종업원이 한 것은 단지 기계적인 서비스일 뿐이다. 모든 사람에게 그냥 동등하게 대하는… 관리인이 한 것은 상대방에 대한 배려, 본인의 자그마한 행동이 상대방 가슴에는 크게 와 닿는 것. 아아 이것이 바로 호스피탈리티로구나!

※ "3月24日はホスピタリティの日"
일본에서는 1994년 3월 24일에 "호스피탈리티의 날(Hospitality Day)"을 제정하였다.

부록

여행고객 현장안전 지침서
통역안내사 면접시험 예상문제

여행고객 현장안전 지침서

관광지에서	• 모이는 장소, 시간 잘 기억해주시고 가이드 인솔에 협조 부탁드립니다. • 일행과 떨어지거나 길을 잃었을 땐 당황하지 마시고 가이드 및 인솔자에게 연락해 주세요(가이드 및 인솔자 연락처는 안내문 첫장에 기록되어 있으며 여행 중 꼭 기록하여 소지해주세요).
버스에서	• 버스 맨 앞쪽 좌석은 비워주세요(안전상의 이유). • 버스 이동시 서서 움직이는 것은 위험합니다. 안전벨트는 꼭 매 주세요. • 버스, 호텔, 기타 지역에서 귀중품을 분실하지 않도록 귀중품은 본인 책임 하에 잘 관리해 주세요. • 내리고 타실 때는 안전상 위험하오니 버스가 완전히 정차된 이후에 내려주세요.
식당에서	• 한국에서는 식사 후 발생되는 문제(식 중독, 배탈 등)의 책임 소재 관계로 외부 음식, 반입, 반출을 금합니다. 양해바랍니다. 물론 사용하신 물통으로 식당에서 물을 받는 것도 위생 상 나쁩니다. • 개별적으로 가져오신 주류는 식당 반입을 금합니다. 방에서 드시는 게 좋습니다.
호텔에서	• 호텔시설 이용 시(목욕탕, 수영장 등) 미끄러지지 않도록 조심하세요. • 금연 방에서 흡연 시 벌금이 발생될 수 있으며, 타인에게 피해를 줄 수 있으니 유의해 주세요.

호텔에서 외출 시	• 일정 이후에 발생된 사고는 본인 책임입니다. 항상 주의해 주세요. • 외출 시 호텔 브로슈어, 호텔안내 카드, 가이드 및 인솔자 연락처는 꼭 소지해 주세요. • 한국의 차량통행 방향이 고객의 국가와 반대일 수 있으니, 횡단보도 건널 때에는 반드시 좌우측을 확인하고 건너세요. 또한 무단횡단은 절대로 하지 말아야 합니다. • 외출 시 자전거 및 오토바이와 부딪치는 사고가 종종 발생합니다. 항상 주의바랍니다.
목욕탕 및 온천 여행 시	• 목욕탕 바닥이 미끄럽습니다. 가끔 목욕 중 넘어지는 사고가 발생됩니다. 항상 조심해 주세요. • 몸에 문신이 있으신 분은 대중목욕탕에 가시는 것을 삼가주세요. • 혈압이 높으시거나 심장이 약하신 분, 그리고 술을 드신 분은 가능한 온천 및 대중목욕탕 이용을 자제해주세요. • 온천 탕에서는 5분 정도 담그시고, 5분씩 3회 정도 즐겨주세요(너무 오래 탕에서 몸을 담그시면 건강에 좋지 않을 수도 있습니다). • 온탕을 즐기신 후(젖은 머리, 얇은 옷)은 감기 걸릴 수 있으니 항상 철저히 관리하시기 바랍니다.
기타 사항 및 고객관계 시	• 일부 고객의 이기적인 행동으로 고객 간의 말다툼이 가끔 발생되고 있습니다. 함께 여행 시 언어 문제 및 기타 행동에서 배려하는 자세로 임하여 주시고, 눈살을 찌푸릴 수 있는 개인적인 행동들은 스스로 자제해 주세요. 항상 즐겁고 가치 있으며 의미 있는 여행길이 될 수 있도록 고개 간의 상호 배려와 양보는 대단히 필요합니다.

통역안내사 면접시험 예상문제

통역안내사에게는 전문지식과 응용능력이 중요시되고 있으며, 국가관, 사명감 등 정신자세는 필요충분조건입니다. 의사발표의 정확성과 논리성, 창의성 등에 좋은 평가 받을 수 있습니다.

일본어 면접시험 예상문제

1. Han Style이란?

2. 관광통역안내사로서 갖추어야 할 자세와 덕목은?

3. 한국의 주요산업과 수출품목에 대하여 설명하시오?

4. 추석이란?

5. 외국인 관광객의 여권분실 시 조치사항은?

6. 한글의 우수성에 대하여 설명하시오?

7. 석굴암에 대하여 설명하시오?

8. 한국의 관광브랜드에 대하여 설명하시오?

9. 조선 왕릉에 대하여 설명하시오?

10. 경복궁의 의미에 대하여 설명하시오?

11. 6차 산업이란?

12. 창덕궁에 대하여 설명하시오?

13. 덕수궁에 대하여 설명하시오?

14. 외국인이 김치냄새를 싫어할 경우 어떻게 소개할 것인가?

15. 저가항공의 장점과 단점은?

16. 다도해 해상공원에 대하여 설명하시오?

17. 남대문의 역사적 의의에 대하여 설명하시오?

18. 팸투어란?

19. 해양관광에 대하여 설명하시오?

20. 달러/엔화 상승이 관광객 유치에 미치는 영향은?

21. 한국의 관광기념품에 대하여 설명하시오?

22. PCO란 무엇인가?

23. 프리미엄 가이드란?

24. 유네스코 지정 문화/자연/기록 유산에 대하여 설명하시오?

25. DMZ에 대하여 설명하시오?

26. 관광통역안내사의 직업 사명감은 무엇이라고 생각합니까?

27. 한국을 대표하는 관광기념품에 대하여 설명하시오?

28. 지난해에 우리나라를 방문한 총 외래 관광객 수와 10대 방문국가는?

29. 해외여행 중에 가장 인상 깊었던 장소를 소개해보세요?

30. 관광통역안내사를 하려는 동기는?

31. 의료관광산업이란?

32. 세계지질공원(Geo Park)이란?

33. 한지에 대하여 소개해 보세요.

34. Opitional Tour란?

35. 외국인 중 가장 인상 깊었던 사람은?

36. 1일 여행에 대하여 소개할 곳은?

37. 서울의 night tour에 대하여 소개해 보세요?

38. city tour bus에 대하여 설명해 보세요?

39. 산업적 관광자원이란?

40. 관광안내사의 자질에 대하여 설명하시오?

41. 팔만대장경에 대하여 설명하시오?

42. Temple Stay에 대하여 설명해보세요?

43. 유형문화재란?

44. 무형문화재란?

45. 좋아하는 책 또는 인상 깊게 보았던 영화에 대하여 설명해보세요?

46. 남산골 한옥마을에 대하여 설명하시오?

47. 사물놀이란?

48. 왜 전 직장을 그만두었는지 그 이유에 대하여 말씀해보세요?

49. 실사구시란?

50. 동의보감에 대하여 설명하시오?

51. 태극기의 그 의미에 대하여 설명하시오

52. 한국의 종교에 대하여 설명하시오?

53. 서울의 유명관광 목적지에 대하여 설명한다면?

54. 한강에 대하여 설명하시오?

55. 반나절 관광지역을 간단히 설명해보시오?

56. 한국 최고의 테마파크는?

57. 외래방문객을 위한 한국의 쇼핑시장과 백화점에 대하여 설명하시오?

58. 태권도의 역사에 대하여 설명하시오?

59. 사찰음식에 대하여 설명하시오?

60. 한방에 대하여 설명하시오?

61. 한국의 유명 전통 음식에 대하여 설명하시오?

62. 거북선에 대하여 설명하시오?

63. 한국의 전통음악에 대하여 설명하시오?

64. 한국의 전통음식인 비빔밥에 대하여 설명하시오?

65. 투어 중 교통사고로 발생된 사건에 대한 긴급대처 방안은?

66. 서울의 4대 소문에 대하여 설명하시오?

67. 탈춤에 대하여 설명하시오?

68. 인바운드 투어와 아웃바운드 투어에 대하여 설명하시오?

69. 관광개발을 저해하는 요인은 무엇이라고 생각합니까?

70. 단체행사 중 호텔체크아웃 시 관광객에게 사전에 전달해야 할 사항 및 업무요령에 대하여 설명해보세요?

우리말 면접시험 예상문제

전문지식과 응용능력이 중요시되고 있으며, 국가관, 사명감 등 정신자세는 필요충분조건입니다. 의사발표의 정확성과 논리성, 창의성 등에 좋은 평가받을 수 있습니다.

1. 한류문화에 대하여 설명하시오?

2. 창덕궁의 특성은?

3. 사물놀이에 대하여 설명하시오?

4. 관광안내 중 긴급상황(테러 및 자연재해)이 발생하였을 때 대처 방안은?

5. 3면이 바다인 우리나라 해안별 특징을 설명하시오?

6. 여행업의 종류와 등록기준은?

7. 관광상품의 특성에 대하여 설명하시오?

8. 저비용 항공(LCC)란?

9. I.SEOUL.YOU의 브랜드가 의미하는 바는?

10. 융 · 복합관광이란?

11. 공항도착 시 가이드의 준비사항은?

12. 4차 산업시대에 관광산업의 변화에 대하여 설명하시오?

13. 쇼핑안내 시 주의사항에 대하여 설명하시오?

14. 세계유산-문화유산이란?

15. 수하물 도난 및 분실 시 대처방안은?

16. 근정전에 있는 품계석은?

17. 신라와 백제문화의 특징에 대하여 설명하시오?

18. 법보/승보/불보사찰이란?

19. 승탑과 부도가 의미하는 바는?

20. 항공기의 출발지연이 발생하였을 경우 대처방안에 대하여 설명하시오?

21. 항공사 마일리지 제도의 장점은?

22. 한국의 의료관광에 대하여 설명하시오?

23. 서울에서 중요지역 외 외국인에게 소개할 만한 곳은?

24. 우리나라 해상국립공원 4곳은 어디인가?

25. 5대 적멸보궁은 무엇이며, 어디에 위치하고 있는가?

26. Slow City란?

27. 유네스코의 세계 유산의 유형과 종류에 대하여 설명하시오?

28. Concierge란?

29. 우리문화의 우수성에 대하여 설명하시오?

30. 삼보사찰이란?

31. SIT란?

32. 남사당이란?

33. 국제회의의 개최효과에 대하여 설명하시오?

34. 조선시대 왕실의 도자기 관리관청은?

35. 중국 전담여행사의 역할은?

36. 계절에 따른 금강산의 명칭을 설명하시오?

37. 조선시대 객사(客舍)란 무엇인가?

38. 조선시대 대한팔경은?

39. 계절성이란?

40. 관광통역가이드의 직무에 대하여 말씀하시오?

41. 문화재 보호법이 정하고 있는 4대 문화재는?

42. 창덕궁의 세계 유산적 가치는?

43. 신기전이란?

44. 바루공양이란?

45. 대한민국 국보지정기준은?

46. 수원화성의 문화적 우수성에 대하여 설명하시오?

47. 조선시대 5대궁궐의 정전과 정문을 설명하시오?

48. 실학의 발생배경에 대하여 설명하시오?

49. 5대궁궐은?

50. 크루즈 여행의 특성에 대하여 설명하시오?

51. 대표적인 실학자에 대하여 설명하시오?

52. 우리나라 국립공원 중 최초의 국립공원과 가장 최근의 국립공원은?

53. stop over란?

54. 역사왜곡을 믿고 있는 외래관광객에게 어떻게 설명할 것인가?

55. 위안부 문제와 관련한 아베신조 정권이 주장에 대한 본인의 견해는?

56. 애국가에 대하여 설명해보세요?

57. 1인당 면세한도와 면세한도액에 포함되지 않는 면세통관 품목은?

58. 독도의 위치와 일본 측이 제기한 영토문제에 대한 본인의 의견은?

59. 국내의 대표적인 안보관광 상품-DMZ 여행코스를 설명하시오?

60. 관광통역 안내사가 주의해야 할 사항에 대하여 말씀하시오?

61. 우리 고궁에 대한 대문의 역할과 기능에 대하여 설명하시오?

62. 백제역사 유적지구의 선정 의미와 등재된 8곳의 백제역사지구는?

63. 카지노산업의 긍정적 효과와 부정적 효과에 대하여 설명하시오?

64. 관광자원의 개념과 특성에 대하여 설명하시오?

65. 세시 절기 중 곡우의 의미는?

66. 관광산업의 중요성에 대하여 설명하시오?

67. 사적과 명승에 대해 설명하시오?

68. 2015년 세계기록유산으로 등재된 한국의 유교책판에 대해서 설명하시오?

69. 관광경찰의 역할은?

70. 관광이 경제에 미치는 영향은?

71. 무자격 통역안내사로 인해 발생되는 문제점에 대한 본인의 견해는?

72. 세계적인 건축가 안도타타오의 건축물이 국내에 설치되었는데, 이 분의 건축 특징과 국내작품에 대하여 설명하시오?

73. 세계 문화유산 창덕궁의 비원을 소개하시오?

74. 여행사의 기능에 대하여 설명하시오?

75. 관광두레에 대하여 설명하시오?

76. 영화관광의 개념과 국내의 주요 명소에 대하여 설명하시오?

77. 당간지주란?

참고문헌

[국내문헌]

김남숙(2002), 현대관광 일본어 회화, 제이앤씨

김도영(2014), 국외여행실무론, 현학사

______(2017), 국내안내영어, 기문사

김도영 외(2016), 관광학개론, 이프레스

김숙자 외(2016), 사진으로 보고 가장 쉽게 읽는 일본문화, 시사일본어사

오현숙(2002), 막힘없이 통하는 여행 일본어 회화, 삼지사

이나가키 겐지(2004), 초급 관광일본어, 다락원

이수길(2017), 일본어 한자 터잡기, 동양북스

[국외문헌]

1. 국제교류기금 (昭和57), 일본어 한자 입문, 범인사
2. 相澤美穂子(2015), 外国人観光客の消費を地域活性化につなげるには, 観光文化225号
3. 近畿経済産業局(平成27), 関西を訪れた外国人旅行者等に対する生声アンケート調査, 報告書
4. 千葉県商工労働部観光企画課(平成28年), 平成27年度SNSを活用した外国人観光客ニーズ・同行調査事業・調査結果資料
5. 観光庁(平成28), 平成27年度観光の状況平成28年度観光施策
6. 日本統計局総務省資料(2017年)

찾아보기

[ㄱ]

[ㄴ]

[ㄷ]

[ㄹ]

[ㅁ]

[ㅂ]

저자소개

■ 장미경

- 한양여자대학교 국제관광학과 졸업
- 일본 국립 와카야마대학원 관광학연구과 졸업
- 일본 국립 와카야마대학원 관광학연구과 박사과정
- 국제의료관광코디네이터(일본어)
- 일본 정보관광학회 정회원
- 일본 관광호스피탈리티교육학회 정회원

현) 한양여자대학교 호텔관광학과 강사
DMZ 관광주식회사 상품개발이사

■ 김도영

- 관광학 박사
- 경희대학교 일반대학원 호텔관광학과 박사과정 수료
- ㈜한진관광 국제여행부 팀장역임
- 국제통역안내사, TESOL 자격
- 한국관광학회 이사, 한국관광연구학회 이사, 한국MICE관광학회 부회장, 한국 벤처창업학회 부회장, 한국 해양기업협회 부회장, 한국여행업협회 이사 역임

현) 한양여자대학교 호텔관광학과 교수

- 저서 : 관광상품기획론 외 5권
- 논문 : The impact of tour quality and tourist satisfaction on tourist loyalty : The case of Chinese tourists in Korea, Tourism Management 32,1115-1124.
  외 20여 편

누구나 쉬운 **일본관광회화**

2018년 8월 10일 초 판 인쇄
2018년 8월 20일 초 판 발행

저 자 장미경 · 김도영
발행인 한 인 환
발행처 도서출판 **기 문 사**
등 록 1978. 8. 9. NO. 6-0637
주 소 서울시 동대문구 안암로 50-1(용두동) 홍신빌딩 3층
전 화 02)2265-7214, 922-8662~8663
팩 스 02)922-8772

homepage : www.kimoonsa.co.kr
e-mail : book@kimoonsa.co.kr

ISBN : 978-89-7723-797-1 93730

저자와의
협의하에
인지생략

정가 : 12,000원